28歳からの女のリアル

山崎潤子 著
人生戦略会議 構成

WAVE出版

はじめに

性別・女性。

年齢・28歳。

これだけの情報で、世間はどんな人物像をイメージするものでしょうか？

28歳という年齢は、高校を卒業してから10年。大学を卒業してから6年です。

ドラマや映画に出てくる28歳の女性といえば、都心のマンションに住まい、仕事をバリバリこなし、日々スキルアップしながら、おしゃれも遊びもエンジョイして、恋愛を楽しみながら生きていく……。

そんなイメージではないでしょうか？

しかし、そんなのは映画やドラマのなかだけの話、ですよね。

女のリアルは、もっともっと切実でハードなもの。

意外なほど貧乏だったり、彼氏いない歴をナイショにしていたり、または別れたばかりだったり、次々と友達が結婚したり、ときには虚しさや寂しさにおそわれることがあったり……。それでも髪を振り乱して、日々がんばって生きている人のほうがずっと多いはずです。

とくにいま、若い女性の貧困や非正規雇用が社会問題になっています。未来に希望が持てず、現実と戦うだけで精一杯という人も少なくありません。

さて、あなたは「まだ28歳」でしょうか？

それとも「もう28歳」でしょうか？

30代まではあと2年もある。40歳までは、干支が一周回るほどの時間がある！

そう考えているとしたら、あなたの人生は危険信号が点滅しているといわざるを得ません。

あなたはあなたが思うよりも早く、30歳になり、40歳になります。

子どもの頃の10年間といまの10年間では、時間の経過するスピードが違うと感じたことはありませんか？

子どもの頃は1年がとてつもなく長いものに感じられたのに、20代も後半となったいまは、1年がたつのが早く感じられるという人が多いのは、「ジャネーの法則」といって、心理学的に解明されている真理なのです。

5歳の子どもにとっては、1年間は人生の5分の1を占める期間です。対して28歳のあなたとっての1年間は、人生の28分の1にあたります。30歳になれば30分の1、40歳になれば、40分の1と、長く生きれば生きるほど、時間の流れが濃密で早く感じられるというわけです。

光陰矢のごとし。―Time and tide wait for no man.

30歳でもなく、40歳でもなく、いまこそ。そう考えて人生を逆算していかなければ、思わぬ後悔をしてしまうかもしれません。

とはいえ、女性の平均余命は86・41歳（厚生労働省「簡易生命表」２０１２）です。残りの人生は58年もあるのですから、28歳にはまだまだ長い月日が残っています。

日常生活で悩みや不安を抱えている20代の女性は59・2％。

悩みの内容は、「自分の生活（進学、就職、結婚など）上の問題について」が62・4％、「今後の収入や資産の見通しについて」が56・0％、「現在の収入や資産について」が44・7％と高くなっています（複数回答）内閣府「国民生活に関する世論調査」２０１３）。

20代女性の悩みや不安は、生き方や経済的な問題で、年をとるにしたがって増えてくる健康や家族に対する悩みや不安というのはまだ少なく、「自分中心」の悩みであるともいえるでしょう。

学生時代につちかった土台を活かしながら、自分を確立し、今後の人生を決めるのが20代。

とくに後半の28歳は、仕事、お金、恋愛、結婚、出産など、さまざまな決断を迫られる時期でもあります。

これから先の長い人生を考えると、これまでのライフスタイルをどうギアチェンジするかという時期でもあるのです。

本書は28歳の女性のリアルな姿を、さまざまなデータや数字から分析し、導き出したものです。

しかし、「こう生きなさい」「こうあるべきです」といったことを提示するものではありません。

人生は人の数だけあるもので、一人ひとり違って当たり前だからです。

等身大の自分を軸にしながら、ほかの人がどう生きているのかを知ることは、さまざまなことを自分自身で判断するための羅針盤となります。

よりよい人生を送るための一助に本書が役立てば幸いです。

CONTENTS

第1章 仕事

第2章
恋愛・結婚

第3章
お金

第4章
出産・育児

第5章

健康・美容

第6章

生活

装丁　マツダオフィス　松田行正＋日向麻梨子
本文DTP　NOAH
校正　小倉優子
図版作成　山崎潤子

第1章 仕事 career

いろいろな仕事のお給料

医師	83.3万円	一級建築士	32.3万円
弁護士	73.0万円	調理士	24.8万円
大学教授	66.1万円	栄養士	23.4万円
高等学校教員	38.4万円	薬剤師	36.1万円
幼稚園教諭	22.5万円	看護師	32.8万円
スーパー店チェッカー	18.6万円	システムエンジニア	40.5万円
タクシー運転者	23.3万円	プログラマー	30.7万円
パン・洋生菓子製造工	22.4万円	ワープロオペレーター	25.2万円

※男女計、全年齢の手当等含む税込み月給。
厚生労働省「賃金構造基本統計調査」(2013)

女性に多い仕事は賃金が低めの傾向に……。

貧困女子にならないために！

みなさんは、「ピンクカラー・ジョブ」という言葉を聞いたことがありますか？

これはいわゆるホワイトカラー、ブルーカラーになぞらえてアメリカでつくられた言葉で、もともと看護師、保育士、秘書、タイピスト、事務など、昔から女性が多くを占める職種を指すものです。

こういった職業は、長時間労働プラスハードワークとされる看護師などをのぞけば、高給であるとはいえない仕事が多くなっています。実際にアメリカでは、このピンクカラー・ジョブの人たちが貧困や就労環境の悪化にあえいでいるのです。とくに高年齢になると、深刻な失業状態におちいってしまうそうです。

現代の日本でいえば、一般事務や介護職、販売職などがこの「ピンクカラー・ジョブ」にあたるのかもしれません。

厚生労働省の「賃金構造基本統計調査」（2013）によれば、保育士の平均賃金は全年齢で月21・3万円、ホームヘルパーは月21・8万円、販売店員が23・7万円、理容・美容師が22・8万円、給仕従事者（ウェイター、ウェイトレスなど）が21・3万円となっています。これらは一般的に女性に多い仕事ですが、ほかの職種にくらべて

各都道府県の最低賃金（時給）

北海道	734円	滋賀県	730円
青森県	665円	大阪府	819円
宮城県	696円	広島県	733円
福島県	675円	高知県	664円
東京都	869円	福岡県	712円
神奈川県	868円	熊本県	664円
山梨県	706円	沖縄県	664円
静岡県	749円	全国平均	764円

最高は869円、最低は664円。その差はなんと200円以上！

※厚生労働省による2013年の数値。

賃金は低くなっています。これらの職業に就くということは、イコール高収入は望みにくいということになるのです。

また、ここ数年「貧困女子」などという言葉もよく耳にします。

何でも女子だのガールだのをつければいいというものではありませんが、明日は我が身、少々気になる言葉ですよね。

働く世代の単身女性の3分の1は、貧困であるという調査があります（2011年、国立社会保障・人口問題研究所の分析による）。貧困の定義は所得が普通の人の半分以下に満たないことであり、単身者の場合は「年間の手取りが114万円以下」のことだそうです。114万円を12で割れば、9・5万円です。つまりひと月10万円以下で過ごさなければならないのです。

独身女性が築ウン十年の風呂なしアパートに住み、おしゃれをしたくても新しい服や化粧品も買えず、食費や光熱費をとことんまで切り詰めて、パン屋さんでもらってきたパンの耳をほおばる……といった悲惨な話も聞こえてきます。独身女性としては、かなりわびしいですね。健康管理なども無視している状態です。

東京都の場合、最低賃金（時給）は869円。これでも他県よりは高めの数字です。1日7時間働けば6083円、1ヵ月に20日働けば12万1660円です。年収に換算

完全失業率の推移

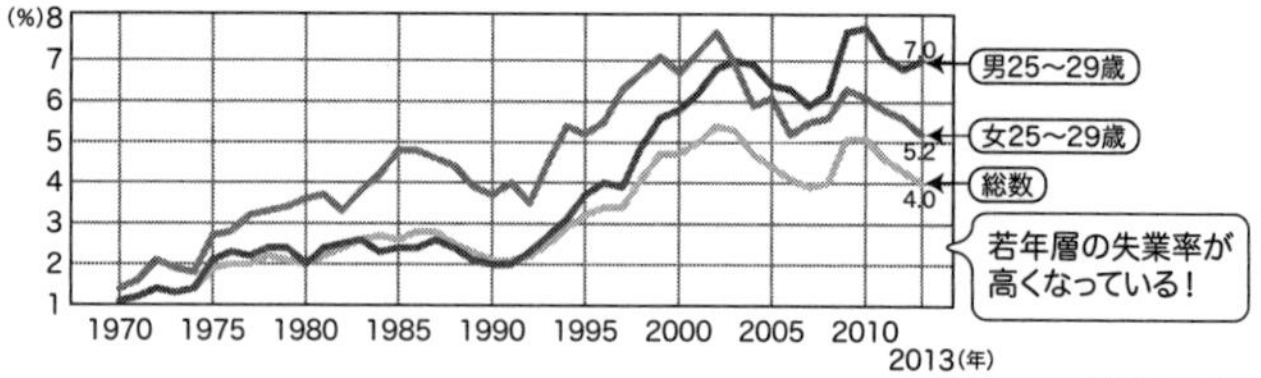

総務省「労働力調査」(2013)

すれば、約１４６万円になります。ここから税金や年金などの社会保険料を引けば、まさに手取りは１１４万円程度になるのではないでしょうか。

早朝出勤や夜勤、ダブルワークやトリプルワークをこなしながら、なんとか生活しているという人も少なくありません。

すぐに取り替えの効くような、つまり誰にでもできるようなアルバイトでは、人生が非常に厳しい状況におちいってしまうといわざるを得ないのです。

いわゆる「フリーター」について、「自由で多様な働き方である」と考える20代は47・３%とほかの世代よりは高いものの、同時に「生活を不安定にする働き方である」(76・１%)とも考えているのです(労働政策研究・研修機構「勤労生活に関する調査」２０１１)。

とはいえ、多くの人にとって、背に腹は代えられない状態。仕事をしたくてもない若年層の失業者もたくさんいるのです。労働力人口全体の失業率は４・０%ですが、15~34歳の若年層では５・８%(15~24歳は６・９%、25~34歳は５・３%)と、全体よりも高くなっています(総務省「労働力調査」２０１３)。

貧困女子にならないためにはどうしたらよいのか、また、やりがいを感じられる仕事は何か、年齢が上がっても働ける仕事は何か、分析していきましょう。

年代別就業率

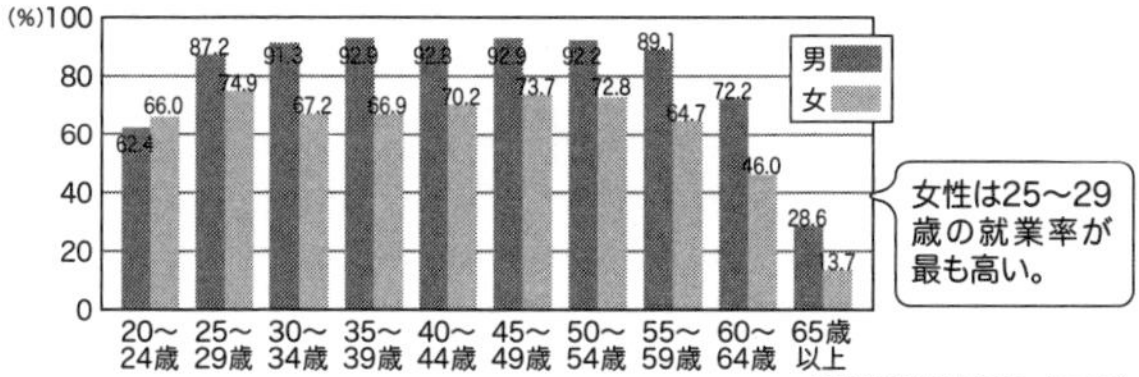

総務省「労働力調査」(2013)

▼ あなたはいくら稼いでる？

いまあなたは、どんな仕事をしていますか？

そして、どのくらいのお金を稼いでいますか？

いまや女性が働くのは当たり前の時代です。その割合は増加傾向にあり、２０１３年の「労働力調査」によれば、15歳〜64歳の女性のうち62・4％が何らかの仕事に就いています。育児や家事などを考慮に入れても、男性の80・8％と遜色ない数字です。

女性のなかでも、とくに就業率が上昇していくのが20代後半、30代前半の女性。まさにみなさんの年代です。

25歳から34歳までの女性の就業率は70・7％にのぼります。28歳の女性の多くは、何らかの仕事に就いて働いているのです。

私たちが仕事をするうえで、まず気になるのはお金ではないでしょうか？

ほかの人たちはどのくらい、お給料をもらっているのでしょうか？

国税庁の「民間給与実態統計調査」（２０１２）によれば、25〜29歳の女性の平均年収は２９２万円です。

「みんなそんなに稼いでいるの！」とショックを受ける人も、「平均以上でよかっ

年代別平均給与

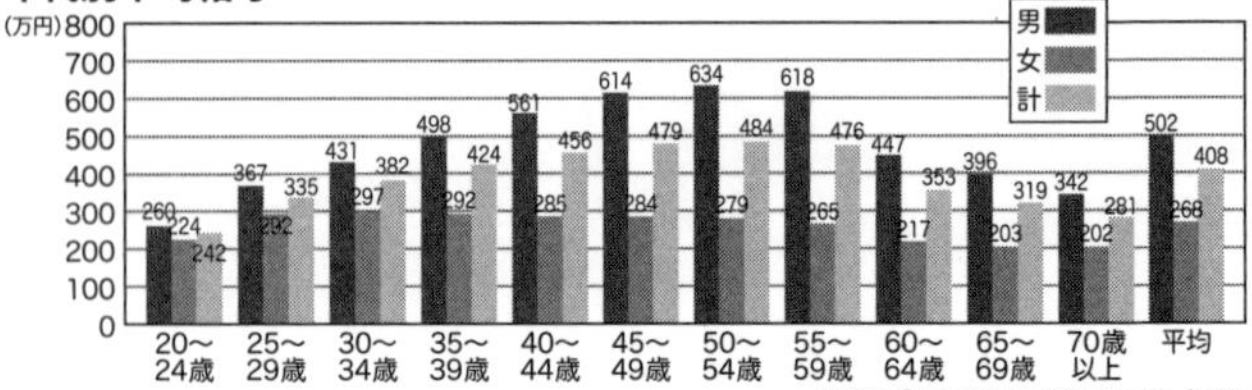

国税庁「民間給与実態統計調査」(2012)

た」と胸をなでおろす人もいるでしょう。住まいの地域や就業状況にもよりますが、とりあえずこの292万円を超えていれば、どうやら平均以上の収入があるといえるのです。

ちなみに、25〜29歳の男性の平均年収は367万円です。全体の平均では男性が502万円、女性が268万円となっています。

この結果から見えてくるのは、男性と女性の収入差です。女性は全年代において、平均年収が300万円を超えることはありません。女性は最高でも30〜34歳の297万円にとどまっています。

年収300万円といえば、男性でいえば少々残念な収入の代表格のように称されることが多いようですが、いっぽうの女性はこの300万円さえ稼げていないというのが現状なのです。

あまりに女性の稼ぎが低いのではないかという指摘もありそうですが、この数字はパートやアルバイトなどの非正規雇用を含む数字ですから、結婚後にパートをしている主婦なども含まれます。

とはいえ、男性との収入の違いは明らかです。1986年に男女雇用機会均等法が施行されてからもうすぐ30年、収入を見るかぎり、まだまだ女性が男性と同じように

女性に多い非正規雇用

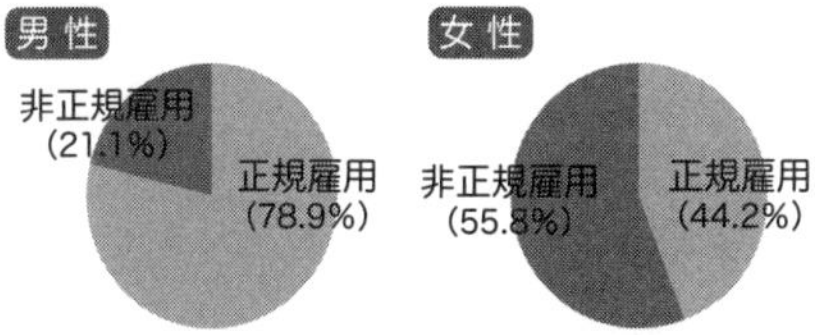

※役員を除く雇用者。
総務省「労働力調査」(2013)

働き、同じように稼いでいるとはいいがたいのです。

女性の過半数は非正規社員！

「だってあの彼、非正規じゃん」
「給料は安いけど、いちおう正社員なんだよね」
……など、仕事をあらわすときに「正規か、非正規か」という分け方をすることが増えた昨今です。

それだけ非正規雇用問題がニュース・新聞・雑誌・テレビ番組など、さまざまなメディアで取り上げられ、社会問題となっているということです。どんな仕事をしたいかと聞かれて、「とりあえず正社員で」と答える若者も少なくないのです。

労働者全体を見ると、正規雇用で働く人は63・3％、非正規雇用で働く人は36・7％。非正規雇用は労働者全体の3分の1を超え、過去最高の水準となっています（総務省「労働力調査」２０１３）。

男女別に見ると、男性の非正規雇用は21・2％、女性はなんと55・8％にものぼります。働く女性の過半数が、非正規雇用なのです。

非正規の雇用形態

契約社員	アルバイト・パート
半年間、1年間など、契約した一定期間その会社で働く。契約期間終了時は再度契約して再雇用される場合とされない場合がある。嘱託社員、準社員、臨時社員、工場などで働く期間工もこれにあたる。	平日の10時～16時、土日の9時～18時など、正社員よりも働く日数や時間が短い働き方。給与は時間給の場合がほとんど。
派遣社員	**業務委託**
派遣会社に登録し、自分のスキルや希望職種とマッチした会社に派遣されて働く。雇用元は働いている会社ではなく派遣会社であり、給与は派遣会社から支払われる。一定の期間が終われば、派遣会社を通じて別の会社を紹介される。	業務のみを委託される働き方。通常の労働契約ではなく「この仕事を○○円で」「1件ごとに○○円」といった契約を結ぶ。自分の裁量で仕事をする場合が多く出社が義務づけられていない場合もあるため、在宅ワークとなることも。雇用関係というよりは個人事業主やフリーランスに近い状態。

「非正規雇用」とは、いわゆる「正社員」以外の雇用形態です。アルバイト・パートタイム・契約社員・派遣社員・臨時社員・準社員・嘱託社員・業務委託などはすべてこの「非正規雇用」にあたります。

非正規雇用はこのように呼び方がさまざまで、はっきりした定義もないことから、自分がどのような雇用形態で働いているのかよくわからないという人も少なくありません。正社員と同じようにフルタイムで働き、正社員と変わらない業務をこなし、その会社に直接雇用されていたとしても、実態は非正規雇用であるというケースも非常に多いということです。

たとえば次のような雇用形態は、すべて非正規雇用です。

・契約社員
・派遣社員
・アルバイト・パート
・業務委託

このように、非正規雇用にはさまざまなスタイルがあります。では、正規雇用と非正規雇用の具体的な違いは何でしょうか。

▼ 正規雇用VS.非正規雇用

20代の若年層であれば、「雇用スタイルが正規だろうか非正規だろうがもらえるお金はそれほど変わらないし、むしろ派遣や契約社員のほうがたくさん稼げることもあるから得じゃない？」と思ってしまうこともあるでしょう。

しかし、それは大きな罠なのです。

正社員のAさんはハードな営業職、月給18万円で働いているとします。

そして派遣社員のBさんは、時給1500円の事務作業をしています。

Bさんが1日7時間、1ヵ月20日働けば21万円です。Aさんより3万円もお給料がいいのですから、一見Bさんのほうがお得です。

正社員のAさんは、年月とともに昇給を重ねて、20年後には年収500万円に増えているかもしれません。業種や職種にもよりますが、大手企業で昇進したり、スキルアップして転職したりすれば、1000万円稼ぐことも夢ではないでしょう。

いっぽう、派遣社員のBさんには昇給はありませんし、賞与（ボーナス）もありま

正規・非正規の賃金差

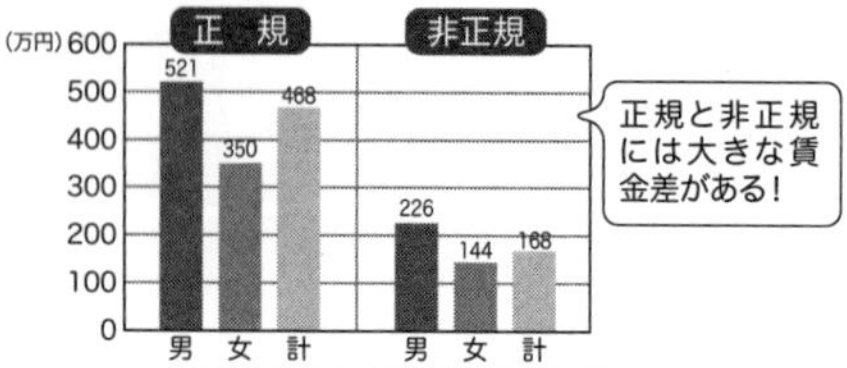

国税庁「民間給与実態統計調査」(2012)

せん。スキルアップや昇進も見込めません。月に21万円のまま、年月を重ねる可能性が高いのです。5年後、10年後を視野に入れると、大きな差ができてしまうのです。月給21万円であれば、年収は10年後も250万円ほど——いえ、10年後に仕事があればまだマシかもしれません。派遣社員は決められた期間しか働くことができないのですから。

このように、長い目で見れば正規雇用にメリットが待っていることは明らかです。

では、ほかにもある正規雇用と非正規雇用の具体的なメリットの違いを見ていきましょう。

●賃金

一般的には正規社員よりも非正規社員のほうが賃金を少なく設定されることが多くなっています。派遣社員の場合、会社は派遣会社にお金を支払うのであって、派遣会社からマージンを引かれた賃金が支払われます。

平均年収を見てみると、正規雇用者は468万円（男性521万円、女性350万円）、非正規雇用者は168万円（男性226万円、女性144万円）となっています（国税庁「民間給与実態統計調査」2012）。

年金のしくみ

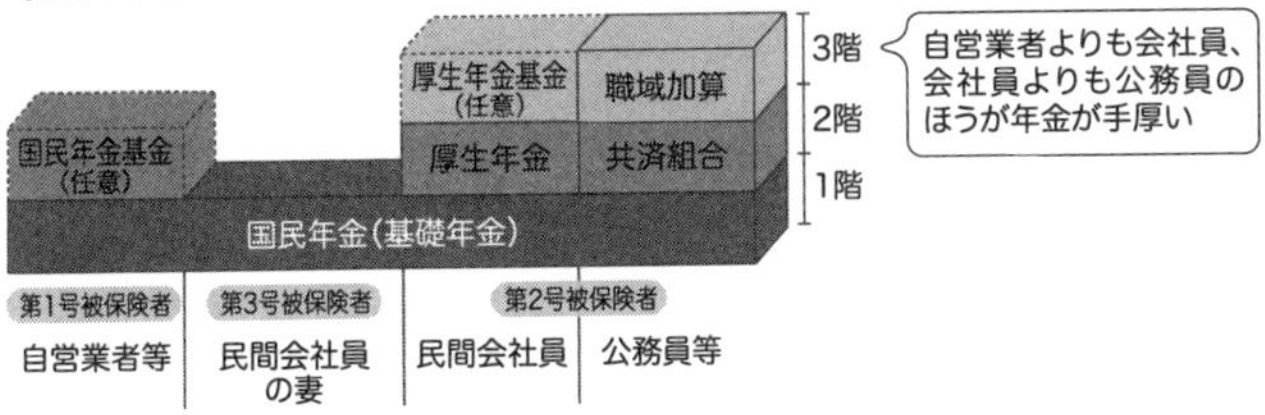

なんとその差は300万円。これは単なる「差」ではなく、明らかに「格差」といえるでしょう。とくに女性の非正規雇用者では、100万円未満が47・1%、200万円未満が38・5%と低く抑えられています。

また、正社員が月給制なのに対し、非正規社員は時間給制や日給制であることも多いでしょう。つまり、年末年始休暇や夏休みなどがあると、その分賃金が目減りしてしまうということです。

また、正規雇用の場合、賞与、昇給、退職金等の制度がありますが（会社によってはない場合もあり）、非正規雇用の場合、これらはほぼ期待できません。

●社会保険等の加入

正社員であれば、社会保険（健康保険、厚生年金保険）や雇用保険などに加入しているはずです。しかもこれら保険料の約半分を事業主が負担してくれます。つまり半分は会社が支払ってくれるのです。

いっぽう非正規雇用の場合、社会保険に加入していない場合も多いでしょう。社会保険に加入しない雇用形態の場合、自分で「国民年金（2014年5月現在1万5250円）」と「国民健康保険（自治体によって計算法が異なる）」に加入しなければなりません。2階建ての厚生年金と1階建ての国民年金では、将来もらえる年金にも大きな差が出てきます。

ただし非正規雇用であっても、一定の要件（1日の労働時間、1ヵ月の勤務日数が一般社員の概ね4分の3以上であることなど）を満たしていれば、企業側が社会保険や雇用保険に加入しなければなりません。

社会保険等の加入は、一般的に働く時間が短いパートやアルバイトには適用されません。派遣社員は派遣会社で加入することになります。

●各種手当等

正社員には住居手当、家族手当、資格支援などの手当があり、非正規雇用の従業員にはないというように、細かな手当などでも差があります。財形貯蓄制度の利用、保養所の利用、社員旅行への参加などの福利厚生も同様です。また、非正規雇用の場合は条件を満たさなければ健康診断の受診義務もありません。

●雇用期間

じつはこの「雇用期間」が、正規雇用と非正規雇用のいちばん大きな、はっきりした違いです。正社員は会社の定年まで働くことができますが、非正規雇用の社員は有期のため、将来にわたって働ける保証はありません。つまり、非正規雇用では将来設計がしにくく、「安定」という言葉から大きく遠ざかります。

正社員の場合は解雇制限があり（緩和すべきという議論もありますが）、そうかんたんに解雇できないということになっています。いっぽう非正規社員にはそういった制限がなく、派遣切りや雇い止めといった「仕事がなくなるリスク」をつねに抱えていることになります。

もちろん、正社員であってもリストラや倒産などの可能性はあります。ただ、非正規社員の抱えるリスクにくらべれば、正社員のほうが圧倒的に小さなリスクだといえるでしょう。

このように、正規雇用と非正規雇用は20代では一見同じように見えても、長い目で見ると大きな差が生まれるのです。さまざまな面を考えて、非正規雇用のデメリットは否定できません。20代ならばまだまだやり直しが利きますが、30代半ばを過ぎると埋められない格差が生まれやすくなるのも現実なのです。

ただし、非正規雇用のメリットをあえて選んでいるという人もいます。

女性が非正規という雇用形態を選んだ理由は、「自分の都合のよい時間に働きたいから」（25・4％）、「家計の補助・学費等を得たいから」（26・8％）、「家事・育児・介護等と両立しやすいから」（15・9％）などが上位となっています（総務省「労働力調査」2013）。もちろん「正規の職員・従業員の仕事がないから」（14・1％）という自分ではどうしようもない理由もありますが……。

既婚者で夫の収入が安定している人、育児や介護などでフルタイムで働けない人にとっては、非正規雇用にもメリットはあるのです。

逆をいえば、独身で健康な28歳の女性であれば、アルバイトや契約社員よりも、できれば正規雇用を目指したいところ。

現在のあなたの雇用形態はどんなものでしょうか？　その会社で、いったいいつまで働けるでしょうか？

5年後、10年後のキャリアビジョンはどうなっているのか、自分の現状をいま一度たしかめてみましょう。

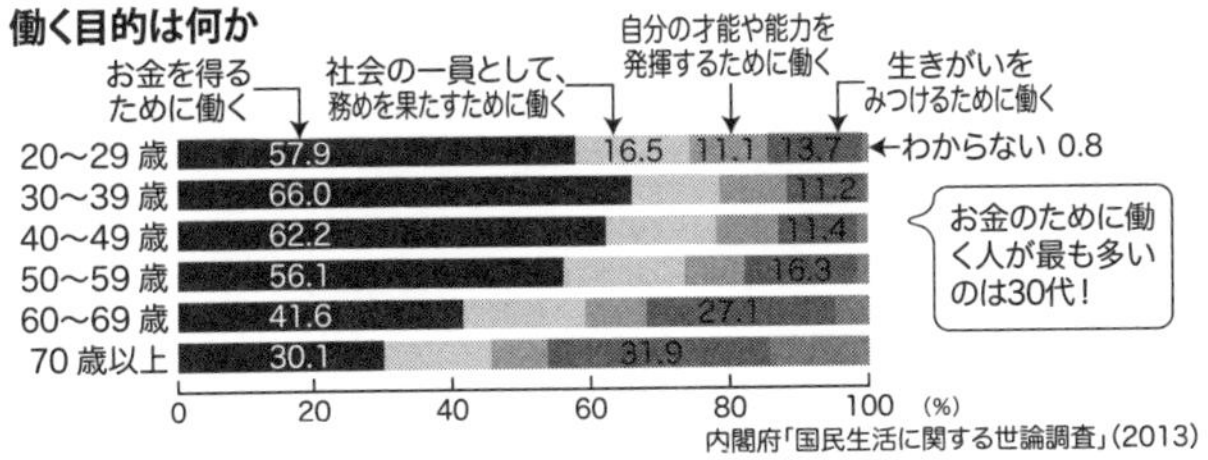

▼▼ 天職志向の仕事選びは20代まで！

さて、あなたはなんのために働いていますか？

内閣府の「国民生活に関する世論調査」（２０１３）によれば、「働く目的は何か？」という問いに対し、20代の57・9％が、「お金を得るために働く」と答えています。「社会の一員として、務めを果たすために働く」（16・5％）、「自分の才能や能力を発揮するために働く」（11・1％）、「生きがいをみつけるために働く」（13・7％）などの大義名分の模範的回答よりも、圧倒的に「お金」なのです。現実はかくも厳しく、そうそうかっこいいものでも美しいものでもないのです。

60代までの全年代において「お金を得るために働く」という回答がトップですが、30代が最も高く、年代が上がるごとに減少していきます。70歳以上になると、トップは、「生きがいをみつけるために働く」（31・9％）となるのです。いまの日本では、若年層ほど厳しい現実と直面しているともいえるでしょう。

とはいえ、できることならやりがいや成長のために働きたいもの。そのうえで満足できる対価がもらえれば、さらにハッピーです。

現在のあなたはどうでしょうか？

仕事に満足していますか？　いまの会社や仕事で、成長できそうでしょうか？　現在の会社で自分のスキルを磨けるかどうかの判断はかんたんです。

1年前と1年後の自分の姿を考えてみればよいのです。

・1年前の自分とくらべたとき、現在の自分は成長しているでしょうか？
・1年後の自分の想像したとき、現在の自分よりも成長しているでしょうか？

この2つの質問に自信を持って「YES」と答えられた人は、自分の仕事に満足できているはずです。仕事の手応えややりがいも感じられているでしょう。

「うーん。どうだろう？」と迷いのある人は、そこで働くほかの社員の姿を参考にしてみましょう。まわりの社員がグチばかり吐き、向上心は微塵も感じられず、1年前も1年後も現在と同じような仕事をしているという場合は、あまり成長が望めない職場であるといえます。「朱に交われば赤くなる」ということわざのとおり、まわりの人の姿勢はよくも悪くもあなたに大きな影響を与えるのです。

アルバイトやパートなどの非正規雇用の従業員を、企業は「一時的に仕事を手伝ってもらっているだけの要員」とみなしています。ですから、企業が非正規雇用の従業員に求めるものは、毎日同じ仕事をしてもらい、同じ賃金で雇い続けることなのです。スキルアップさせて賃金を上げようという考えはありません。

あなたが成長できない仕事をしているなら、たとえ正規雇用であっても非正規雇用と同じようなものです。仕事のスキルも身につかず、いざ転職しようにもつぶしが利きません。自分がいかに成長できるかどうかは、現在の仕事の価値を分析する大きなポイントです。

どんな仕事であっても、キャリアアップは可能です。たとえば一般事務。一般事務とひと口にいっても、経理的な仕事、総務的な仕事、営業補佐的な仕事、秘書的な仕事など、その会社によって求められる仕事内容は千差万別です。経理のスペシャリストになって管理職から役員へとのぼりつめた人もいます。年々経験や知識が身につき、会社にとってなくてはならない人材となる人も少なくないでしょう。

20代の女性で「現在の職業能力に自信がある」と思っている人は51・5%、思っていない人が44・6%です（労働政策研究・研修機構「勤労生活に関する調査」２０１１）。半分近くの人が、自分の仕事能力に自信が持てず、揺れているのです。

本来なら、28歳の女性はまだまだ仕事で成長できる時期。スキルを積んで、磨いて、徐々に重要な仕事をまかされるようになる、まさに伸び盛りの時期なのです。

20代女性の理想的な仕事とは?

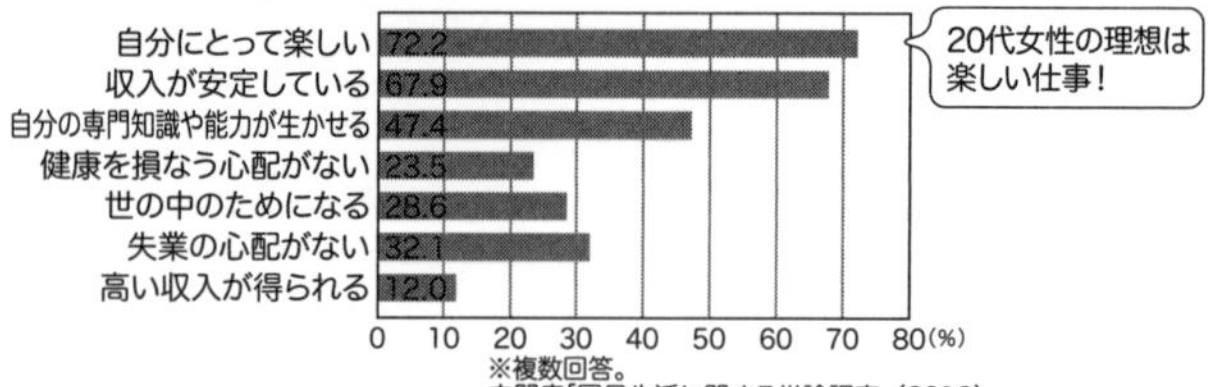

※複数回答。
内閣府「国民生活に関する世論調査」(2013)

だからこそ、自分に合った天職にできるだけ早くめぐりあうことが大切です。20代のうちに天職にめぐりあうことができれば、その後の仕事人生はよいほうに転がっていくはずです。

▼理想の仕事はどんな仕事?

多くの人が「お金を得るために働く」という現実があるなか、「どのような仕事が理想だと思うか?」との問いに対し、20代女性の答えは、「自分にとって楽しい仕事」(72・2%)や「収入が安定している仕事」(67・9%)といったものが多くなっています。「高い収入が得られる仕事」と答えた人は12・0%に過ぎません(内閣府「国民生活に関する世論調査」2013)。

過半数の人が「お金を得るために働く」と考えつつ、収入はそれほど高くなくてよいのです。そこそこお給料がもらえて、楽しい仕事がいちばんなのです。

では、どうやって安定した仕事、楽しくやりがいのある仕事を得ればよいのでしょうか?

楽しいかどうかの判断基準はむずかしいところですが、安定という意味では、ある

女性に人気の仕事ランキング

	総合	オフィスワーク系	医療・教育・福祉系	販売・営業・サービス系
1位	一般事務	一般事務	保育士・幼稚園教諭	ブライダルコーディネーター・ドレスコーディネーター
2位	商品企画・マーケティング	商品企画・マーケティング	カウンセラー・臨床心理士	調理スタッフ・パティシエ
3位	秘書	秘書	薬剤師	リフレクソロジスト・セラピスト
4位	ブライダルコーディネーター・ドレスコーディネーター	旅行企画・手配・ツアーコンダクター	看護師	ネイリスト
5位	旅行企画・手配・ツアーコンダクター	編集・制作・ライター	講師・塾講師・家庭教師	販売・ショップスタッフ（アパレル・ファッション）

とらばーゆ「人気の仕事ランキング」(2011)

程度定義できそうです。

安定した仕事というのは、自分が働こうと思えば、長く働けるということ。前述したように、正規雇用と非正規雇用を比較すれば、正規雇用が安定しているのは一目瞭然なのです。

ちなみに、女性にやってみたい仕事を尋ねたランキングでは、トップが「一般事務」で、以下「商品開発・マーケティング」「秘書」と続きます（とらばーゆ「人気の仕事ランキング」２０１１）。

とはいえ、仕事のやりがいや楽しさというものは、「どんな仕事をしているか？」よりも、「どのような環境で仕事をしているか？」のほうがはるかに重要です。

ひと口に「一般事務」といっても、企業規模や業種によって、待遇も仕事内容も千差万別です。たとえ希望していた職種であっても、人間関係などでトラブルがあれば仕事を楽しく感じるのはむずかしいでしょう。逆にまったく興味がなかった業種であっても、環境に恵まれ、あなたの能力を伸ばすことができれば、やりがいやよろこびを感じられるはずです。

人間関係などの社内環境は、入社してみなければわかりません。Ａさんにとってはよい職場でも、Ｂさんにとってはそうでないという相性の問題もあるでしょう。

仕事選びはギャンブルのような側面もありますが、待遇面や労働環境といった部分はある程度リサーチすることができるはず。仕事選びを確率の悪いギャンブルにせず、よい仕事にめぐりあえる確率を上げることは可能なのです。

ただし、「安い賃金でもやりがいがあればよい」というのは20代までと考えておきましょう。30代になったら、自分のスキルや能力を伸ばし、その対価を支払ってもらえるような仕事をしなければ、先は見えません。

「楽しさ」や「やりがい」はもちろん、今後の人生の生活設計ができるような収入を得られる仕事を目指すべきなのです。

▼▼ 安定バンザイ！

ここでは、働き方の問題を考えてみましょう。

長引く景気の低迷と先行き不安感から、定年まで同じ会社で働く「終身雇用」を支持する人は全体の87・5％、年齢とともに賃金が上昇する「年功賃金」を支持する人が74・5％、会社に帰属したいという「組織との一体感」を支持する人が88・1％と、いずれも10年前の調査よりも10％ほど増加しています（労働政策研究・研修機構「勤労生活に関する調査」2011)。

すなわち、多くの人が「ひとつの会社に腰を据《す》えて働きたい。仕事の成果はともかく、年齢とともに給料が上がってほしい」と考えているのです。いかに人々が「安定」を求めているのかがわかります。

個人の能力や結果に重きをおくというアメリカ型の成果主義・能力主義は、日本人のメンタリティや時流にそぐわず、浸透しなかったのです。

とはいえ、大多数の人が転職を否定しているわけではありません。

同調査によれば、「ひとつの企業でキャリアを積むこと」が望ましいと考える人は全体の50・3%と約半分。対して「複数企業でキャリアを積むこと」が望ましいと考える人は24・4%、20代では28・2%となっています。

ちなみに、「独立自営でキャリアを積むこと」が望ましいと考える人は11・3%と少数派です。まだ若くてリスクをとれる20代でも14・9%と、決して高い数字ではありません。

年齢別転職入職率

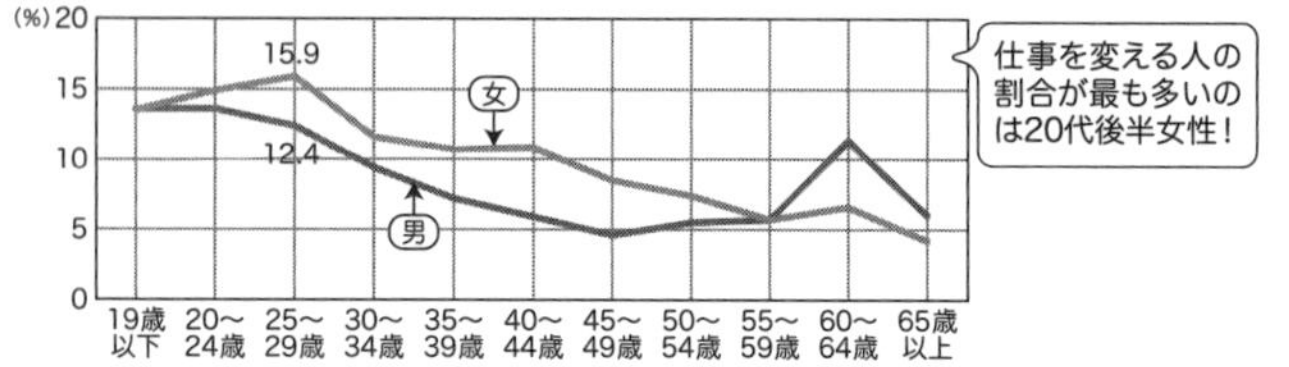

厚生労働省「雇用動向調査」(2012)

▼ 28歳は転職適齢期？

さて、現在の仕事に行き詰まりを感じている、ほかにやりたい仕事があるといった場合、転職を視野に入れている人も少なくないでしょう。

「同じ仕事なら、勤務先を変えても通用する職業能力がある」と考える20代女性は57・6％、「同じ仕事だけを続けるよりも、多様な仕事経験を積んだほうがよい」と考える20代女性も67・0％存在します（労働政策研究・研修機構「勤労生活に関する調査」2011）。

実際に、転職入職者（前職を辞めて転職した人）の割合を性別・年齢別に見てみると、全年齢を通して、25～29歳の女性が15・9％と最も高い数字になっています。以降は50代後半まで転職入職率は低下しています（厚生労働省「雇用動向調査」2012）。

女性は結婚や妊娠で仕事を辞めたり、転職したりする人は少なくありません。しかし25～29歳の女性にかぎっていえば、結婚や出産・育児を理由に離職する人は少数派です。

では、28歳の女性はなぜ転職するのでしょうか？

25～29歳の女性の転職入職者が前職を辞めた理由は、上位から「労働条件が悪い」

（18・6％）、「契約期間の満了」（12・3％）、「収入が少ない」（9・0％）となっています。女性の離職理由といえば、いわゆる寿退社やドロドロした人間関係と思いきや、現実は非常にシビアなのです（厚生労働省「雇用動向調査」2012）。

20代後半ともなれば、仕事をはじめてから数年、仕事の経験も積み、ある程度のスキルも身につき、自分の長所や短所もだんだんわかってくるはず。そのうえで今後何をやりたいか、何をやれるかが見えてくる時期でもあるのです。

そういった意味では、28歳は転職適齢期ともいえるのかもしれません。

年齢が上がれば上がるほど、求められる経験や実績のレベルも上がります。転職するのであれば、早いほうが有利なのです。

現在は2007年に行われた雇用対策法の改正によって、企業側が募集・採用に際して年齢を制限することが禁止されています。しかし以前は中途採用の募集要項には、「30歳まで」「35歳までの経験者」といった年齢制限が掲載されていたのです。もちろん「30歳以上」「40歳以上」といったケースはほぼ皆無でした。つまり、口には出さなくても「できれば若い人がほしい」というのが企業側のホンネなのです。

ただし、転職はメリットばかりではありません。

転職すればこれまで築いてきた人脈や社内での実績・評価はリセットされてしまい

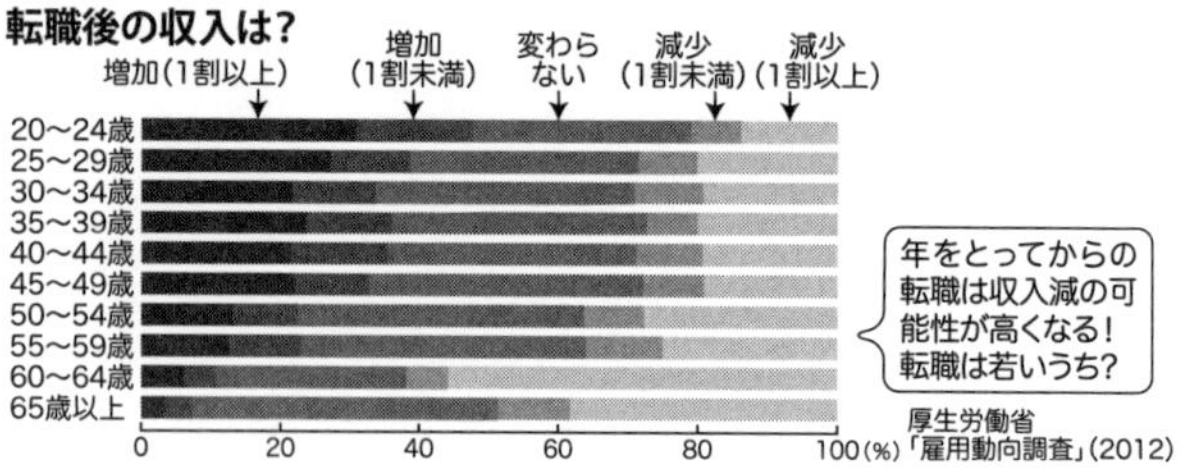

ます。また、住宅ローンを組むときや、クレジットカードをつくるときなど、「勤続年数」はかならずチェックされるポイント。一般的に同じ会社に長く勤めることは、社会的な信用につながるのです。

現在の仕事に大きな不満がないのであれば、安易な転職はおすすめできません。自分の意志で転職するなら、「不満がある」「イヤだ」というネガティブな理由よりも、「ほかにやりたいことがあるが、現在の会社ではどうしても実現できない」というポジティブな理由が強い場合にすべき！　まずは本当に転職すべきなのかどうか、徹底的に分析・検討することが大切です。

▼転職したらお給料は上がる？

ところで、転職すると収入はどうなるのでしょうか？

これに関しては明るいきざしが見えています。

20代後半の男女の場合、増えたという人が38・1％、減ったという人が28・0％。1割以上増えたという人も4人に1人以上、26・8％もいます。なかには1割以上減少したという人も19・8％いますが、転職によっておおむね収入は増加する傾向にあ

転職してよかったこと・後悔したことランキング

	よかったこと	後悔したこと
1位	給料がアップした	給料が希望と異なる
2位	社風が合う	経営者や社員と合わない
3位	周囲の人に恵まれている	社風が合わない
4位	能力や成果を評価された	経営状態や将来性が不安
5位	希望する仕事に就けた	残業が多い
6位	キャリアアップできた	仕事内容が希望と異なる
7位	裁量の幅が広がった	組織や環境が整っていない

インテリジェンス「ホンネの転職白書」(2012)

るようです（厚生労働省「雇用動向調査」２０１２）。

実際、転職してよかったことは、上位から「給料がアップした」「社風が合う」「周囲の人に恵まれている」となっています。いっぽう転職して後悔したことは、上位から「給料が希望と異なる」「経営者や社員と合わない」「社風が合わない」。まさに「転職してよかった」の真逆です（インテリジェンス「ホンネの転職白書」２０１２）。

転職による収入が増加する割合は、年齢が上がるほど減少します。まだまだ働き盛りの40代前半では増えた人が34・1％、減った人が27・8％、50代前半では増えた人が22・2％、減った人が35・7％と、ついに転職によって収入が減る人のほうが多くなるのです。

転職するからには、労働環境や賃金なども、できればいまより上を目指したいもの。ぜひ強気の姿勢でのぞみましょう。上方修正するのですから、「私はこの条件でなければ決めない」くらいのつもりでよいのです。

たとえ失敗しても、めげたり自信をなくしたりしないこと。こんな時代だからこそ、折れない心が道を切り開くのです。

ただし、女性の転職に関しては少々厳しい現実もあります。

女性の場合、入職者におけるパートタイム労働者の割合が非常に高く、25～29歳女

入職者におけるパートタイム労働者の割合

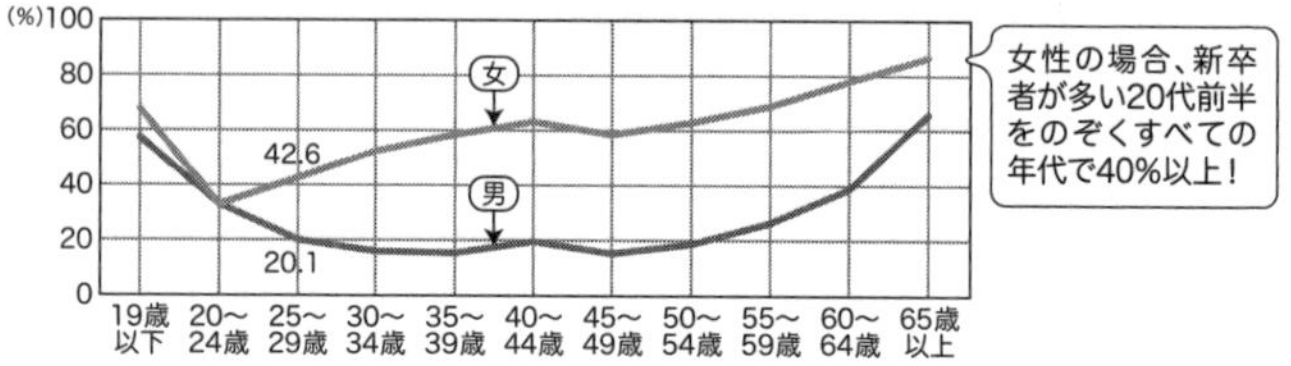

厚生労働省「雇用動向調査」(2012)

性でも42・6%です。つまり転職して新しく仕事をはじめようという場合、パートで働く人の割合が4割強なのです（厚生労働省「雇用動向調査」2012）。

正規→正規、非正規→正規の転職であれば給料がアップする可能性も高いでしょうが、正規→非正規の転職であれば、給料が大きくダウンすることもあるのです。

転職を成功に導くものは、「向上心」と「チャンス」です。

現在の仕事に不満があっても、腐《くさ》らず、へこまず、スキルを磨き、日々たゆまぬ努力を続けること。そのうえでチャレンジしたい業種や職種があれば、つねに求人情報をチェック。転職サイト、転職雑誌だけでなく、その会社のホームページに採用情報が掲載されることも多いですから、おこたりなくチェックしておきましょう。

もっとも女性の完全失業率は3・7%、男性は4・3%ですから（総務省「労働力調査」2013）、女性のほうが雇用環境は恵まれているという考え方もあります。

▼資格ってホントに役に立つの？

さて、転職やスキルアップに際して、「とりあえず、何か資格でもとってみようかな」と思い立つ人も多いでしょう。

採用担当者が重視するポイント

	書類選考	面接
1位	職務経験(66.0%)	職務経験(52.1%)
2位	スキル(39.9%)	熱意・ポテンシャル(41.8%)
3位	熱意・ポテンシャル(34.6%)	スキル(30.0%)
4位	仕事の成果(24.1%)	外見・第一印象(22.7%)
5位	仕事で工夫・努力したこと(16.9%)	仕事で工夫・努力したこと(20.3%)
6位	資格(15.1%)	仕事の成果(20.1%)
7位	外見・第一印象(14.6%)	志望動機(16.6%)

※複数回答。
インテリジェンス「ホンネの転職白書」(2011)

履歴書にはかならず資格欄があるのですから、「資格があったほうが転職に有利に違いない」と考えるのももっともです。「普通自動車免許くらいしか資格がない！」「漢字検定3級はさすがに書けない！」と嘆く人も多いのではないでしょうか？

たしかに、履歴書に書ける資格があったほうが、転職には有利そうです。

しかし、じつはあなたが考えるほど、企業は資格を重視していません。採用担当者へのアンケートによれば、中途採用の場合、重視するポイントは書類選考、面接ともに「職務経験」「スキル」「熱意・ポテンシャル」が上位に入っています。対して「資格」は書類選考で6位（15・1％）、面接で9位（11・5％）と、さほど重視されていないのです（インテリジェンス「ホンネの転職白書」2011）。

不動産業界における宅地建物取引主任者、旅行業界における総合旅行業務取扱管理者、外資系での英語力（TOEICなど）といった、業務にかならず必要となってくる資格以外は、あまり重視されないのが実情です。「○○の資格があります」というよりも、「経験が○年あります」「こんなスキルがあります」といえるほうが有利だということです。

前職や希望職種にまったく関係のない資格は、「この人はいったい何がやりたいのだろうか？」と、かえって採用担当者の心証が悪くなることさえあります。また、働きながら資格をとる場合も、「もしやこの人は転職したいのだろうか？」「いまの仕事が退屈なのだろうか？」という印象を抱かれかねません。

さほど難関でもない人気資格は多くの人が持っていますから、面接官の目にも止まりません。「なんとなく」「とりあえず」資格をとることは、時間とお金の無駄になりかねないのです。

チャレンジしたい仕事があるなら、「まずは資格を」ではなく、「まずその業種・業界で経験を積む」ほうが重要といえるでしょう。タイムイズマネー。資格取得に2年かけるなら、2年間の実務経験を得るほうが、はるかに優先順位が高いのです。

社内評価を上げたければ、資格をとるよりも本業における実績をつくることが重要です。資格によって企業の売上げが伸びるわけではないのです。

▼たくさんお金をもらえる業種・職種はこれだ！

ではここからは、現状を分析する意味でも、さまざまな業種や職種の特徴を（収入中心に）見ていきましょう。

事業所規模別に見てみると、従業員10人未満の小さな事業所の場合、平均年収は3

22万円（男性395万円、女性236万円）です。

対して従業員が5000人以上の大きな事業所になると、510万円（女性263万円、男性664万円）と、180万円以上も差があるのです（国税庁「民間給与実態統計調査」2012）。

企業規模別に見ても、資本金2000万円未満の企業の平均年収は350万円（女性235万円、男性420万円）ですが、資本金10億円以上の企業になると、572万円（女性309万円、男性681万円）にアップします。こちらも約220万円の差が生じています。

ちなみに女性の年収が低くなっているのは、非正規雇用を含んでいるため。正規雇用や総合職であれば、女性も男性とさほど変わらないはずです。

「寄らば大樹の陰」などというつもりはありませんが、「大企業はお給料がいい」というのは真実のようです。

また、業種別に見ても、明らかな年収の違いが見てとれます。

「やっぱりもうかっているのは金融業かな」と思いきや、トップは日本のインフラを支える「電気・ガス・熱供給・水道業」の718万円です。

ちなみに東京電力の平均年収は619万円（平均年齢41・9歳）です（『会社四季報

2014年2集・春号』東洋経済新報社)。

次いでやはり銀行などの「金融業・保険業」が高く610万円、そしてテレビ局や電話会社、IT関連企業の「情報通信業」が572万円と続きます。ちなみに三菱UFJフィナンシャル・グループの平均年収は800万円(平均年齢38・2歳)、フジテレビ(フジ・メディア・ホールディングス)の平均年収は1479万円(平均年齢43・9歳)です。

あまり上ばかり見ていると首が痛くなりそうなので、業種別の平均年収を下から見てみましょう。

業種別の年収を下から見てみると、「宿泊業・飲食サービス業」がもっとも低く、235万円です。もちろんレストランや居酒屋などの飲食業はどうしてもアルバイトやパートの割合が多い業種であるという理由もあるでしょう。次いで「農林水産・鉱業」が298万円、サービス業が333万円と続きます。

なんとなく、お給料が高いのはどんな会社か、というのが見えてきたと思います。

これらの結果からいえることは、少なくとも経済的な面に関しては、世のなかは公平ではないということ。同じ能力を持った人であっても、働く業界や企業規模が違うだけで、収入格差が生まれるということです。

事業所規模別の平均給与

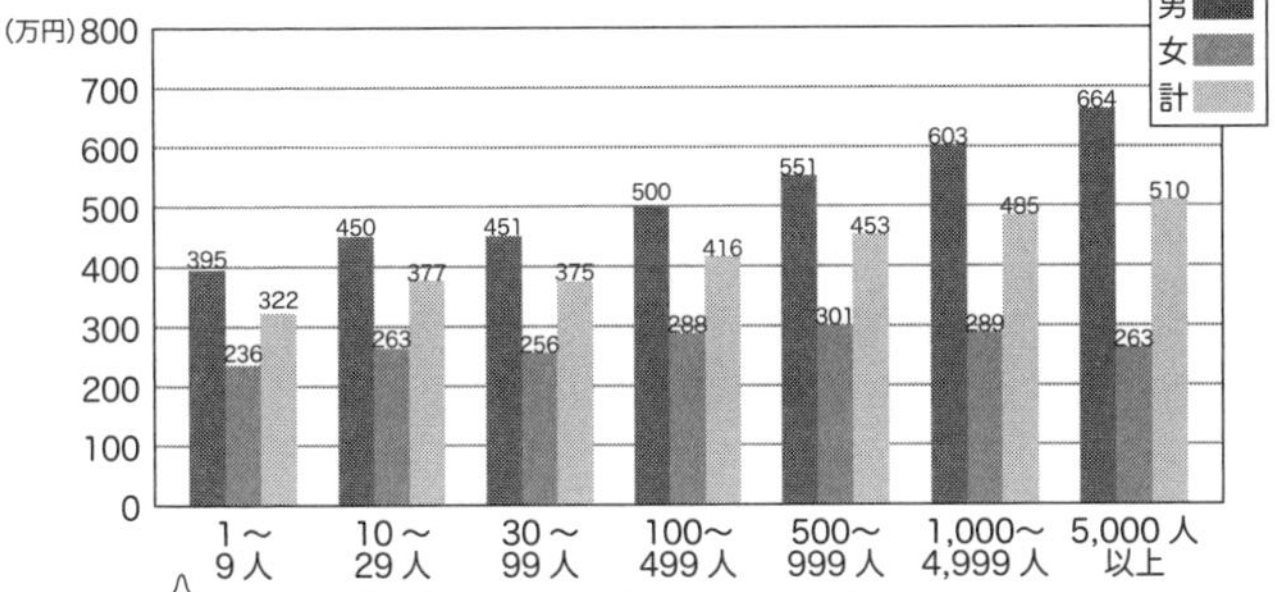

事業所規模（事業所の従業員数）と収入は比例しているが、女性は非正規雇用が多いため大きな違いはない。

国税庁「民間給与実態統計調査」（2012）

企業規模別の平均給与

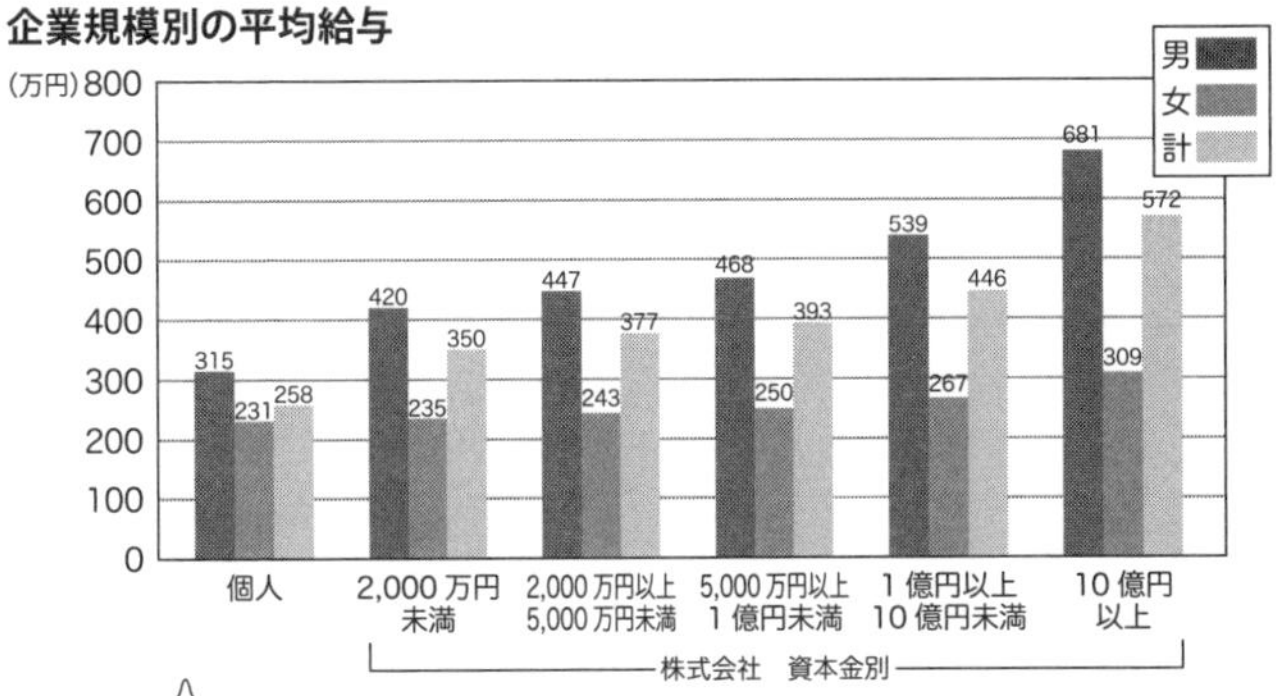

企業規模と収入は比例しており、2000万円未満と10億円以上では女性でも70万円以上違う。

国税庁「民間給与実態統計調査」（2012）

業種別の平均給与

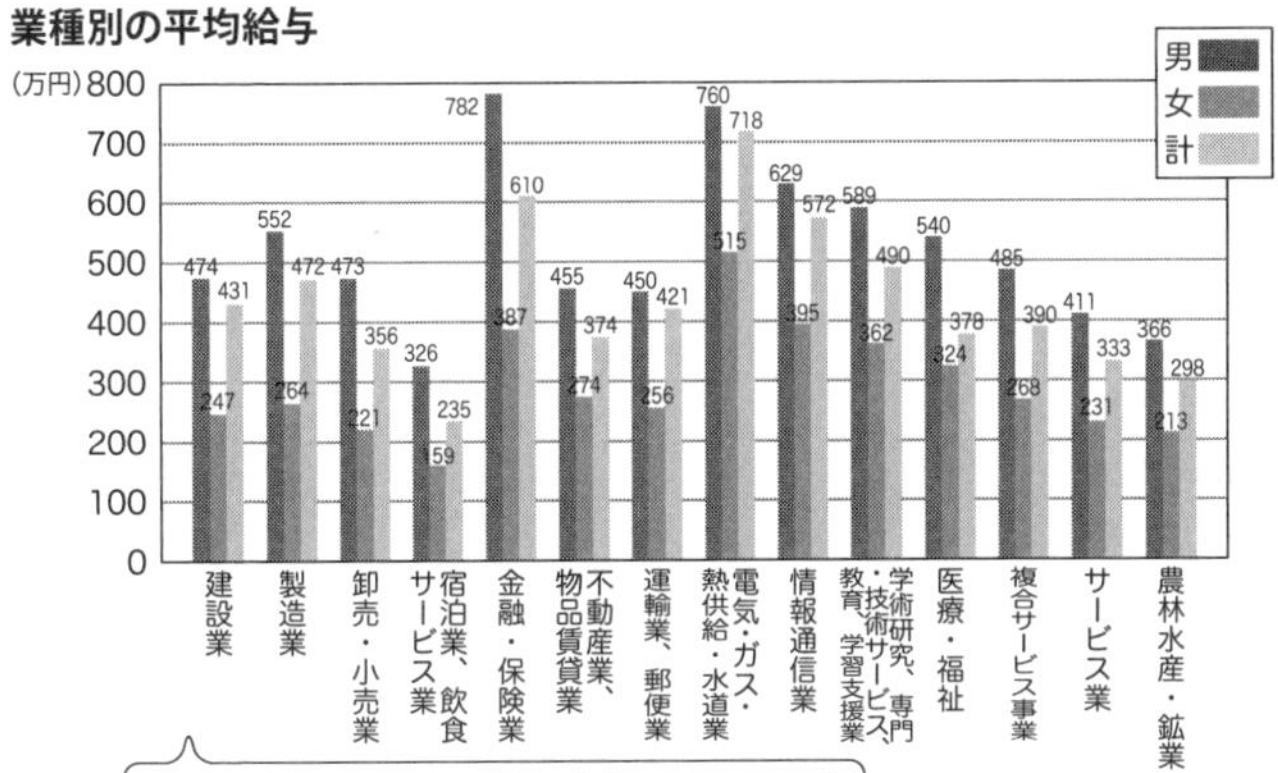

業種によって収入は大きく違う。女性の電気・ガス・熱供給・水道業は、宿泊業・飲食サービス業の3.2倍！

国税庁「民間給与実態統計調査」（2012）

産業別入職率・離職率

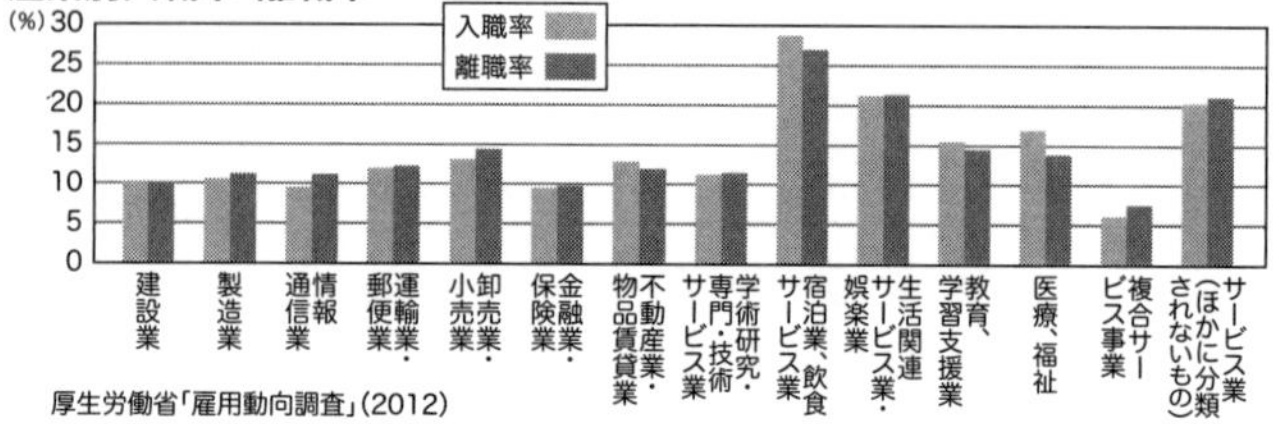

厚生労働省「雇用動向調査」(2012)

ただ、これらの数字はあくまでも収入のみで見た場合です。仕事をしていくうえのやりがいやよろこびを示したものではありません。前述したように、20代女性の理想の仕事は「自分にとって楽しい仕事」なのですから、収入が高ければよいというものではないのもまた、リアルなのです。

▼▼ 安定企業・ブラック企業を見極める！

さて、28歳の女性が理想の仕事として「自分にとって楽しい仕事」と同様にあげているのは、「収入が安定している仕事」でした。収入の安定ということは、離職率が低く、正規雇用の割合が高い業種といえるでしょう。

厚生労働省の「雇用動向調査」（２０１２）によれば、入職率と離職率が高い、つまり人の出入りが多いのは、「宿泊業・飲食サービス業」「生活関連サービス業」「娯楽業」「サービス業（ほかに分類されないもの）」です。つまり、ウェイトレス、エステティシャン、美容師などは、辞める人も多ければ、新しく入ってくる人も多いということになります。

離職者が多いということは、すなわち仕事を長く続けるのがむずかしく安定してい

産業別正規雇用の割合

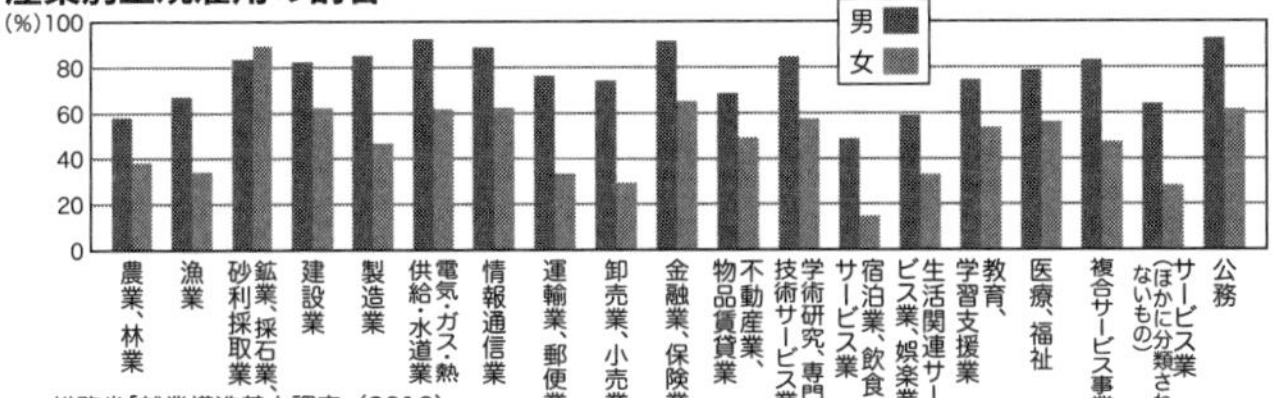

総務省「就業構造基本調査」(2012)

ない、スキルアップしにくいということでもあります。これらの業界で働くことを否定するわけではありません。しかし、理想である「楽しさ」や「安定」があれば人は仕事を辞めないでしょうから、茨の道である可能性が高いのかもしれません。

もちろんプロ意識を持って飲食業等に従事している人もたくさんいます。しかし仮に最高のスキルを持ったウェイトレスであっても、定年まで働き、年収1000万円を稼ぐのはむずかしいのです。

対して入職率と離職率が低いのは「複合サービス事業」「金融業、保険業」です。ちなみに「複合サービス事業」とは主に郵便局や農業協同組合のことですから、転職率が低いのもうなずけます。

女性の場合、正規雇用の割合が高い業種は、「金融業、保険業」(65・2%)、「建設業」(62・5%)、「情報通信業」(62・4%)、「電気・ガス・熱供給・水道業」(61・9%)、など。対して正規雇用の割合が低い業種は、「宿泊業、飲食サービス業」(14・9%)、「生活関連サービス業、娯楽業」(33・0%)、「サービス業」(28・1%)、「卸売業、小売業」(29・4%)などです(総務省「就業構造基本調査」2012)。

当然のことですが、年収の高い産業・業種ほど転職率が低く正規雇用率が高く、年収の低い産業・業種ほど転職率が高く、正規雇用率が低くなっています。

職種別残業時間ランキング

	残業時間が少ない職種	残業時間が多い職種
1位	一般事務(8.1時間)	映像関連(53.7時間)
2位	翻訳／通訳(8.3時間)	編集、デスク(52.8時間)
3位	貿易業務(9.3時間)	施工管理(ビル／マンション／商業施設)(51.3時間)
4位	オペレーター(9.3時間)	コンサルタント(50.0時間)
5位	秘書／受付(11.0時間)	ドライバー・配送スタッフ(44.8時間)

※(　)は月間の残業時間。
インテリジェンス「ホンネの転職白書」(2013)

ちなみに職種別に残業時間を見てみると、少ないほうから「一般事務」(8・1時間／月)、「翻訳／通訳」(8・3時間)、「貿易業務」「オペレーター」(9・3時間)、多いほうから「映像関連」(53・7時間)、「編集、デスク」(52・8時間)、「施工管理(ビル／マンション／商業施設)」(51・3時間)となっています(インテリジェンス「ホンネの転職白書」2013)。

いわゆるブラックなどとささやかれる企業では、若年労働者が安い賃金で働き、高ノルマや過重業務で使いつぶされてしまうという現実があります。また強引な営業を強いる会社、法律すれすれの商品を販売する会社、詐欺まがいの商売をする会社などは真のブラック企業でしょう。

人の入れ替わりが激しい、誰でも入社できる、社内の雰囲気が悪いといった会社はブラック企業のニオイがぷんぷんします。気をつけましょう。

こんな世のなかだからこそ、やりがいか自由な時間か、安定か楽しさかなど、自分自身のワークライフバランス考えて仕事を考えることが大切です。

新しいことをはじめたり、方向転換をするなら、早いほうが有利です。20代のうちに、自分の適性や将来のキャリアビジョン、人生設計を考えながら仕事を見直してみるのもよいかもしれません。

第2章 恋愛・結婚 love & marriage

彼氏・彼女ありの割合

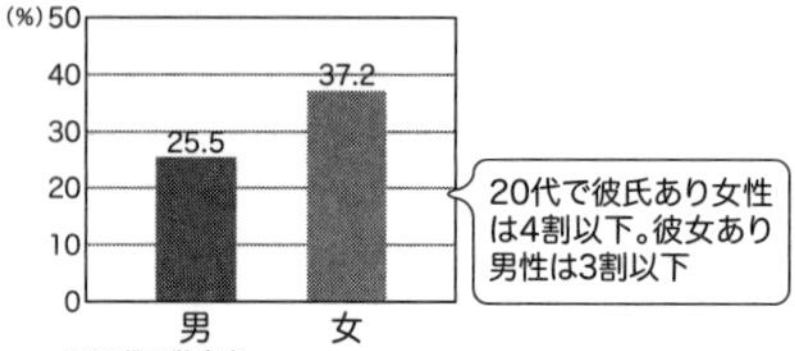

※20代の独身者。
厚生労働省「成年者縦断調査」(2012)

「恋人ナシ」が多数派の時代

あなたには、恋人（もしくは配偶者）がいますか？

「……残念ながらいない」という人に朗報です。

20代独身女性のうち、「交際している異性がいる」という人の割合は37・2％にすぎません。

20代女性といえば、恋人がいて当たり前！ のような風潮もありますが、恋人のいないあなたは決してマイノリティではないのです。「恋愛弱者」などと呼ばれる筋合いもありません。あくまでも主流派なのです。

ちなみに「交際している異性がいる」20代独身男性は、女性よりも10％以上も少ない25・5％です。実に20代女性の6割以上、20代男性の7割以上が「恋人なし」という状況なのです（厚生労働省「成年者縦断調査」２０１２）。

この男女差を見てみても、いわゆる男性の「草食化」はゆるぎない現実となっているようです。リクルートブライダル総研の「恋愛観調査」（２０１３）によれば、実際に、「自分は草食系だと思う」と自覚している20代男性は半数近い48・1％、30代でも42・2％（女性は20代が37・5％、30代が33・4％）です。

恋愛経験なしの割合

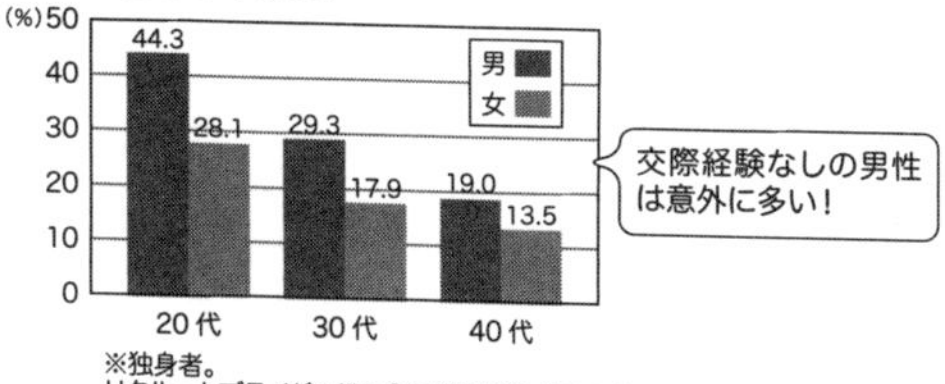

※独身者。
リクルートブライダル総研「恋愛観調査」(2013)

同調査によれば、「これまで異性と付き合ったことがない」という20代独身男性は、4割強の44・3％、30代で29・3％、40代でも2割弱の19・0％となっています。これは独身女性の20代の28・1％、30代の17・9％、40代の13・5％とくらべても、総じて高い数字です。

この結果を見ても、男性のほうが恋愛に奥手であるという傾向は間違いないでしょう。いまや男性からのアプローチを待っていたら、いつまでたっても恋人などできない時代。恋愛映画や少女マンガに出てくるような強引で押しの強い男性など、現実にはほぼ存在しないのです。むしろ強引で押しの強いアプローチを待っているのは、男性側なのかもしれません。

こうなると、少し下世話な方向も気になります。

18〜34歳（独身）で「性経験なし」と答えた男性は36・2％、女性は38・7％です（国立社会保障・人口問題研究所「出生動向基本調査」２０１０）。性経験の低年齢化が叫ばれた時代もありましたが、ここ10年ほどは頭打ち傾向にあります。

異性との交際経験は女性のほうが上回っていますが、性経験は男性のほうがわずかに上回っています。20代後半を見てみても、性経験のない男性は23・2％、女性は25・1％と、女性のほうが身持ちは固いようです。

出会いのきっかけ

1位	同じ会社や職場（19.8%）	7位	街中や旅先で（5.7%）
2位	友人の紹介（15.5%）	8位	イベントやパーティーで（3.9%）
3位	サークルや趣味・習いごとの活動を通じて（13.9%）	9位	幼なじみ・近所（1.4%）
4位	同じ学校やクラス（13.0%）	10位	家族や親戚の紹介（0.6%）
5位	インターネットで（11.4%）	11位	お見合いや結婚相談所（0.5%）
6位	同じ会社や職場ではないが、2人もしくはどちらかの仕事やアルバイトを通じて（11.0%）		

※20〜40代の独身男女で、現在恋人がいる人。
リクルートブライダル総研「恋愛観調査」(2013)

▼恋人ができない理由は？

「そんなことといっても、出会いがないんだからしかたがない！」

そのとおりです。

事実、20代〜40代の独身者男女の過半数が「異性との出会いがない」と嘆いています（リクルートブライダル総研調べ、2012）。

「恋人がいる」という人に出会いのきっかけを聞いてみると、トップは「同じ会社や職場」（19・8％）です（リクルートブライダル総研「恋愛観調査」2013）。社会人になると、やはり毎日顔を合わせる同僚などと恋に落ちる可能性が高い模様です。ただし女性ばかりの職場だったり、はたまた年の離れたおじさんばかりの職場だったりすれば、そもそも職場恋愛など望めません。

でも大丈夫。出会いのきっかけはまだまだあります。

「友人の紹介」（15・5％）、「サークルや趣味・習いごとの活動を通じて」（13・9％）、「同じ学校やクラス」（13・0％）などです。

え？　紹介をしてくれるような友人もいないし、趣味や習いごともない？　そんな人には、「インターネットで」（11・4％）という手もあります。いまや10人に1人は

恋人がいる人といない人の違い

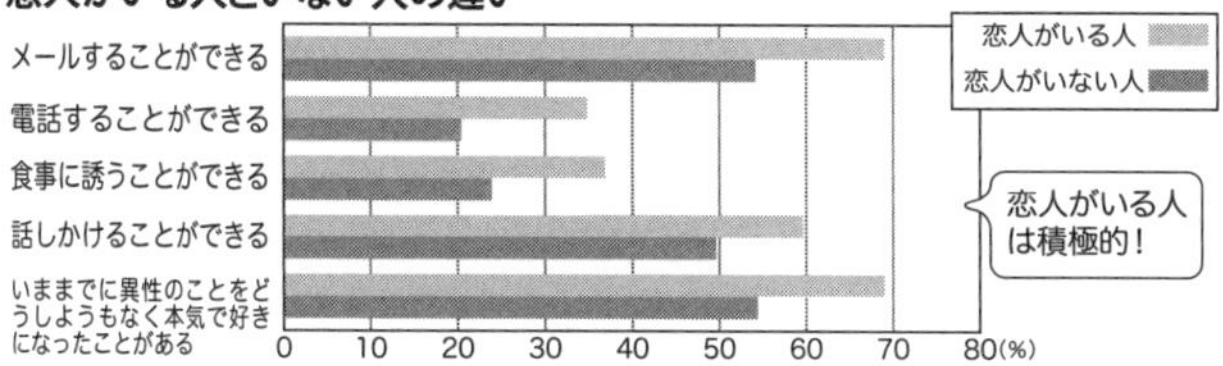

※20〜30代の独身女性。
リクルートブライダル総研「恋愛観調査」(2012)

インターネットで恋人を見つけている時代です。ＳＮＳや婚活サイトなどで自分をアピールする努力も忘れてはいけません。

そして同調査によれば、「（自分は）恋愛に対しての理想が高い」と答えた人は20代女性で44・5％、20代男性で41・8％。恋人ができない理由は、少々理想が高すぎることにも理由があるのかもしれません。

とはいえ、出会い環境などにかかわらず「恋人ができる人」と「恋人ができない人」には違いがあるようです。

「恋人がいる女性」は「恋人がいない女性」にくらべ、好意を持った男性に「メールをすることができる」「電話をすることができる」「食事に誘うことができる」のです。さらに、「いままでに異性のことをどうしようもなく本気で好きになったことがある」人の割合が高いのです（リクルートブライダル総研「恋愛観調査」２０１２）。

恋人がいる人はいない人より、明らかに積極的で情熱的です。もちろん男性にも同様の傾向があります。

現在「彼氏がいないけどほしい」という人は、ヘアスタイルやメイクに気合いを入れるよりも、行動あるのみなのです。

平均初婚年齢の推移

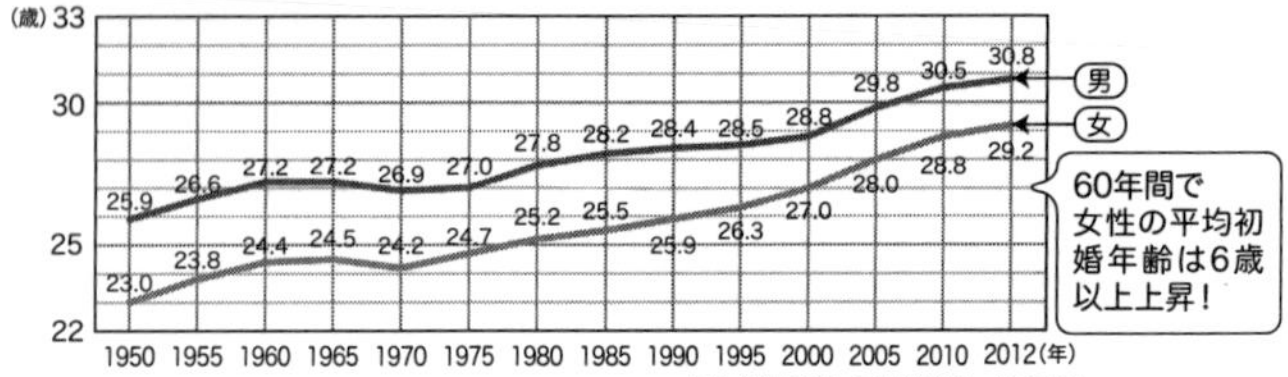

厚生労働省「人口動態統計」(2012)

▼▼ 結婚への道のりは遠い？

28歳ともなれば、恋愛はもちろん、そろそろ「結婚」の2文字が気になる頃かもしれません。

日本人の平均初婚年齢は、夫が30・8歳、妻が29・2歳です（厚生労働省「人口動態統計」２０１２）。28歳なら約1年後に迫っています。

読者のみなさんも「すでに結婚している」「じつは結婚の予定がある」という人が少なくないのではないでしょうか？

ただ、世のなかは晩婚化の傾向にあります。「まだまだ結婚なんてしたくない」という独身女性も多いことでしょう。

約30年前、１９８５年の平均初婚年齢は夫28・2歳、妻が25・5歳でした。女性をクリスマスケーキにたとえて、24、25日（年）のピークを過ぎたら売れ残り、などと揶《や》揄《ゆ》された時代です。その頃とくらべれば、いわゆるアラサー世代もずいぶん若々しいイメージになっています。

国立社会保障・人口問題研究所の「出生動向基本調査」（２０１０）によれば、いつかは結婚しようと考えている独身者は、男性が86・3％、女性が89・4％です。ほ

結婚しない理由ランキング

	男性（25〜29歳）		女性（25〜29歳）
1位	経済的に余裕がないから（18.6%）	1位	適当な相手にまだめぐり会わないから（17.5%）
2位	適当な相手にまだめぐり会わないから（12.6%）	2位	独身の自由さや気楽さを失いたくないから（9.8%）
3位	異性とうまく付き合えないから（9.4%）	2位	経済的に余裕がないから（9.8%）
3位	いまは、趣味や娯楽を楽しみたいから（9.4%）	4位	いまは、趣味や娯楽を楽しみたいから（9.6%）
5位	独身の自由さや気楽さを失いたくないから（8.9%）	5位	結婚する必要性を感じないから（9.3%）
6位	結婚するにはまだ若すぎるから（5.7%）	6位	いまは、仕事に打ち込みたいから（6.4%）
7位	いまは、仕事に打ち込みたいから（4.6%）	6位	異性とうまく付き合えないから（6.4%）

厚生労働省「若者の意識に関する調査」（2013）

とんどの人が「いつかは私も……」と考えているというわけです。また、同調査では、独身者が結婚したいと考える年齢は男性が30・4歳、女性が28・4歳。まさにいまのみなさんの年齢です。

ただ、彼氏もいない28歳の女性にとって、「よし！　今年中に結婚しよう！」というのは少々現実的ではないかもしれません。

既婚者に聞いてみると、結婚相手と出会った年齢の平均は男性25・6歳、女性24・3歳。平均交際期間は4・26年だそうです（国立社会保障・人口問題研究所「出生動向基本調査」２０１０）。

平均交際期間を考えると、明日すぐに恋人ができたとしても、ゴールインするのは約4年後の32歳なのです。

ただ、あくまでも平均は平均。結婚しようが独身生活を謳歌《おうか》しようが、あなたの自由です。

20代後半の女性が未婚でいる理由の上位は、「適当な相手にまだめぐり会わないから」（17・5％）、「独身の自由さや気楽さを失いたくないから」（9・8％）、「経済的に余裕がないから」（9・8％）となっています（厚生労働省「若者の意識に関する調査」２０１３）。

「まわりにいい男がいない！」というのは、たしかに切実な問題です。

結婚しない・できない理由は、やはりなかなか結婚相手に対して妥協できないことにあります。

「いつかは結婚したい」と考える男女のうち、「ある程度の年齢までには結婚するつもり」だと考えている人が6割、「理想の相手が見つかるまでは結婚しなくてもかまわない」と答える人が4割存在します（国立社会保障・人口問題研究所「出生動向基本調査」2010）。

つまり、結婚したい気持ちはあれど、「誰でもいいわけじゃない！」「理想の夫（妻）でないとイヤだ！」と考えている人が多いのです。

ただ、じっとしていても出会いはありません。

合コンや紹介依頼など、なんらかの婚活経験のある女性は20代で36・4％、30代では52・6％と過半数を超えます。（男性は20代22・1％、30代32・6％）（明治安田生活福祉研究所「結婚・出産に関する調査」2013）。そして婚活経験が結婚につながったという人は男女とも4割以上。結婚したい人の場合、自らアクションを起こすことが結果につながりそうです。

出会いには、趣味の社会人サークルに入るのもよいでしょう。しかし、断言しておきます。女性ばかりのサークルでは、恋人はまず見つかりません。出会いを期待するなら、「韓国語」「ヨガ」「料理」「陶芸」などの女性ばかりのサークルはNG。「登山」「ゴルフ」「釣り」など、あえて男寄りのサークルに参加してみるのがおすすめです。たとえ出会いはなくとも、新たな趣味の世界が開けるかもしれません。

また、いまや普通の合コンだけではなく、「街コン（街ぐるみ）」「猫コン（猫好き同士）」「オタコン（オタク同士）」「スポコン（スポーツを通じて）」など、さまざまな婚活イベントが開催されています。

ポイントは、すぐに結果を求めないこと。3年かけて楽しみながらじっくり探すくらいのつもりになれば、いつかは運命の相手にめぐりあえるはず！　です。

▼ 婚活がうまくいかない理由

28歳のカオリさんは、今年から婚活をはじめました。しかし、なかなか思うような結果が出ていません。

「私は決して高望みはしていない。ごく普通の人でいいのに！」というカオリさんの条件は次のような人です。

・年収：５００万円程度あれば十分
・職業：大企業勤務、医師や弁護士なんて望まない。公務員などの安定職でよい
・身長：１７５センチ程度。できれば痩せ型
・学歴：大卒で十分
・性格：やさしく穏やかで、包容力のある人

ん？　このくらいの男性ならどこにでもいそう……？　いやいや、本当にそうでしょうか？

ひとつずつ検証してみましょう。

まず年収。カオリさんと同年代である20代後半男性の平均年収は３６７万円、少し年上の30代前半男性でも平均年収は４３１万円ですから、十分に平均以上を望んでいるということになります。

次に職業。国家公務員は63万９０００人、地方公務員は２７６万９０００人、合わせて３４０万８０００人です（２０１３年の数値）。同年の日本全体の就業者数は６３００万人ですから、１００人中約5人ということになります。ですから婚活市場に

結婚相手に求める最低年収

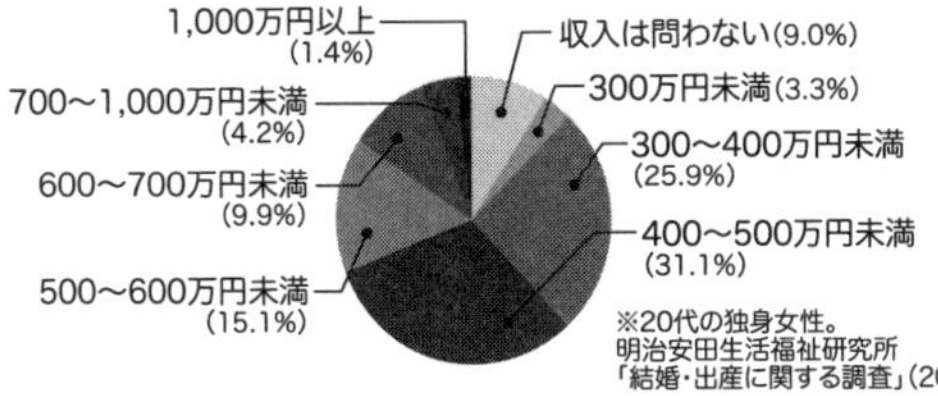

※20代の独身女性。
明治安田生活福祉研究所
「結婚・出産に関する調査」(2013)

出てくる公務員とめぐりあう確率は、そう高いものではありません。

そして身長。26〜29歳男性の平均身長171・6センチですから、175センチ以上というのは明らかに平均以上です（厚生労働省「国民健康・栄養調査」2012）。ちなみに26〜29歳男性の平均体重は66・5キロ。BMI（Body Mass Index：肥満度をあらわす体格指数）では22・6ですから、標準値の22よりもほんの少し太めです。

学歴ですが、大学の進学率（過年度卒業者を含む）は49・9％（文部科学省「学校基本調査」2013）となっています。ちなみにみなさんが高校を卒業した頃の2003年のデータでは41・3％ですから、これも平均以上ということになります。

性格だけは数値で測ることができませんが、草食系を自負する男性が半数近くいるなか、「やさしく穏やか」はともかく、「包容力」のある男性はそうそういないのかもしれません。

このように、カオリさんの望む結婚相手への5つの条件は、すべてにおいて平均以上を満たしている状態です。ひとつやふたつならなんとかなるでしょうが、これらをすべてクリアし、かつカオリさんのことを好きになってくれる男性がどのくらいいるでしょうか？

バブルの頃に流行った「三高（高学歴、高収入、高身長）」は鳴りをひそめ、いまの

外見・内面の自己採点

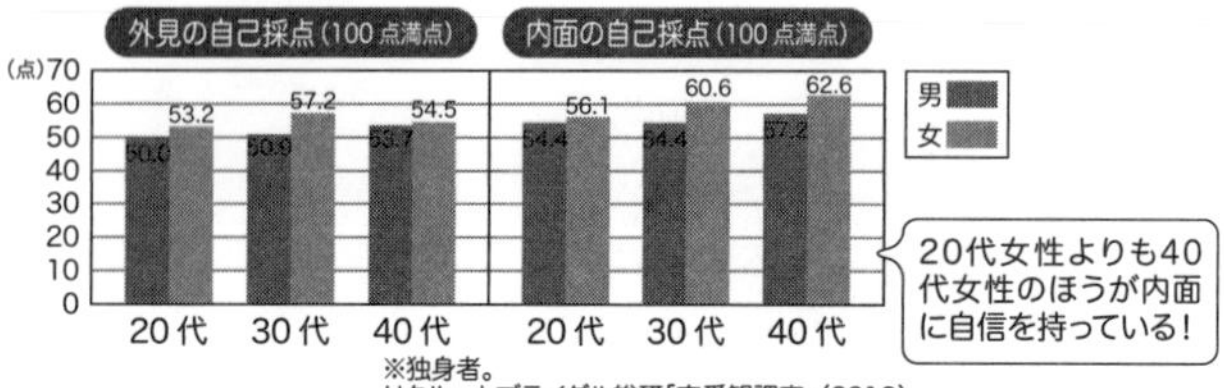

※独身者。
リクルートブライダル総研「恋愛観調査」(2013)

女性は「三平（平均・平凡・平穏）」を望むといわれています。

事実、20代の独身女性が結婚相手に求める〝最低〟年収は「400万円～500万円」という人が最も多く、そこそこ現実的といえます。ちなみに、400万円以上を望む人は6割程度、500万円以上を望む人は3割程度です（明治安田生活福祉研究所「結婚・出産に関する調査」2013）。

「平凡がいちばん幸せなのよ……」なんていうドラマのセリフがありますが、すべてにおいて平均（以上）を望むというのも、なかなかハードルが高いのです。

自分がゆずれない条件はできるだけ少なくすること。これが婚活成功のカギなのかもしれません。

▼生涯未婚、おひとりさまの可能性

なかなか相手に妥協できない理由には、自己評価の高さもあるのかもしれません。

「あなた自身は何点だと思いますか？」との問いに対し、すべての年代において100点満点で50点を下回ることはありません。そして、すべての年代で男性より女性のほうが自己採点が高くなっています。

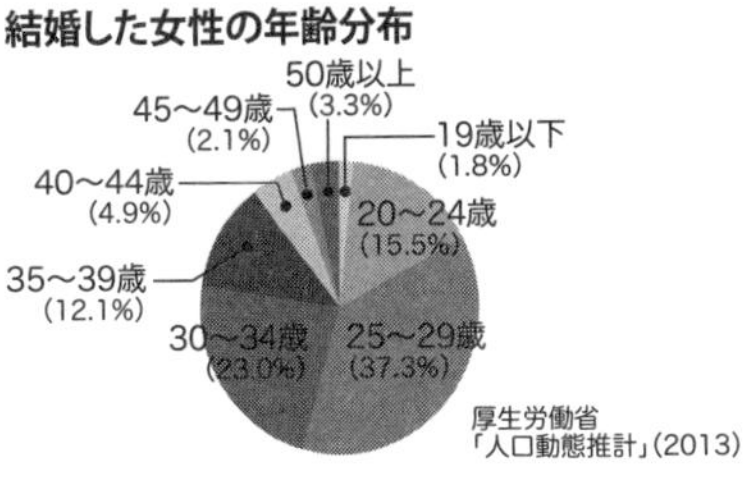

また、「内面」については年代を重ねるにつれ自己採点が上がっています。「外見」についても、20代女性よりも30代、40代女性のほうが自信を持っているのです（リクルートブライダル総研「恋愛観調査」２０１３）。若い女性がひかえめな評価をしているという可能性もありますが、年をとるほどひかえめさがなくなり、自信をつけてしまうという側面があるのです。

ちなみに、２０１３年に結婚した女性の年齢を見てみると、20代が52・８%、30代が35・１%で、とくに20代後半から30代前半で結婚する人が６割以上となっています。いっぽう40代以上で結婚した人は10・３%にとどまっています（厚生労働省「人口動態推計」）。

妥協を肯定するわけではありませんが、「いつかは結婚したい」と考えていても、かなわない人も存在します。

ここに「生涯未婚率」というおそろしい言葉があります。

これは50歳の時点で婚姻歴がない人の割合を示す言葉。昨今では50代、60代で結婚する人も少なくありませんが、あくまでも少数派。50歳まで独身なら、この先もそうである可能性が高いということです。

まだ20代であるみなさんは、「自分が一生独身であるという想像」をしたことがな

生涯未婚率の推移

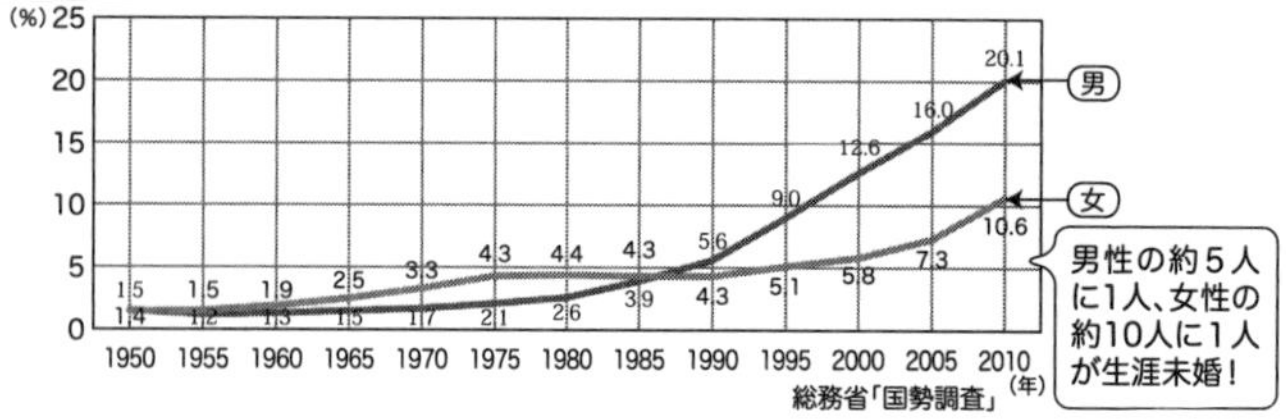

い人も多いのではないでしょうか。

生涯未婚率は、みなさんが生まれた頃は男性3・9%、女性4・3%でしたが（総務省「国勢調査」1985）、少子高齢化が大問題となっている現代では、男性が20・1%、女性が10・6%と倍以上に増えています（総務省「国勢調査」2010）。

男性の5人に1人、女性の10人に1人が、「生涯未婚」です。この生涯未婚率は、みなさんが50歳を迎えようとする20年後はさらに上がっているかも……しれません。

ただ、もともと「一生結婚するつもりはない」と答えた人も男性で9・4%、女性で6・8%存在しています（国立社会保障・人口問題研究所「出生動向基本調査」2010）。

いまや結婚だけが幸せの形ではありません。結婚よりも仕事や趣味などを選ぶ人もいます。他人に束縛されない生活を選ぶ人もいます。また、恋人はいても結婚という形を選ばない人もいるのです。

▼お得な専業主婦。だけど……

現実的に考えると、女性にとって結婚はどんなメリットがあるでしょうか？

もちろん好きな人と一緒に暮らせる、家庭が築けるといった精神的なメリットもありますが、ここでは現実的に考えてみましょう。

一般的に女性の年収は男性の年収にくらべて低くなっています。367万円（25～29歳の男性の平均年収）と268万円（25～29歳の女性の平均年収）を足して2で割れば317・5万円です。つまり、女性の場合は結婚することでいまよりも経済的に豊かな生活ができる可能性が高くなるのです。

また、いわゆる「甲斐性のある」収入の高い人と結婚して専業主婦（夫の扶養家族）になれば、働かなくても生活できます。国民年金の第3号被保険者となり国民年金保険料を納付する必要もなくなります。国民健康保険料や住民税を支払う必要もありません。

少しくらいならパートやアルバイトで働いても大丈夫です。

年間130万円以下であれば、夫の扶養から外れることもありません。年収103万円以下であれば、妻が稼いだお金の所得税もかかりません。夫も配偶者控除（103万円以上～141万円未満は配偶者特別控除）が受けられるので、課税所得を減らせて節税になります。

女性の社会参加推進のため、これら専業主婦の優遇措置の見直しが検討されていますが、当面のところ、専業主婦は「3食昼寝付き」以上のメリットがありそうです。

専業主婦になりたい女性と専業主婦を望まない男性

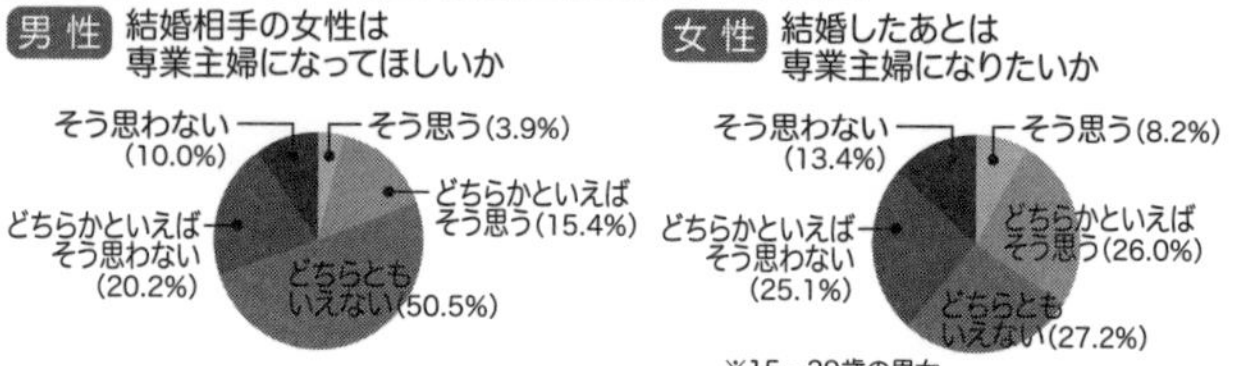

※15〜39歳の男女。
厚生労働省「若者の意識に関する調査」(2013)

実際に、15〜39歳の女性の3人に1人が専業主婦になりたいと希望しています（厚生労働省「若者の意識に関する調査」2013）。

家庭的なのか働きたくないのかはわかりませんが、「男は外で働き、女は家庭を守る」という古き良き家庭像を思い描いている女性も多いのです。

ただし、男性がパートナーにしたいのは専業主婦ではないようです。

3人に1人が専業主婦になりたい独身女性に対して、結婚相手が専業主婦になることを望む同年代の男性は5人に1人しかいません。

給料アップもさほど望めないこんな世のなかですから、男性は一馬力で家族を食べさせていく自信などないのです。

「これだから甲斐性のない男はイヤだ！」と思いますか？

専業主婦を望まない傾向は、収入とはさほど大きく関係ありません。世帯年収800〜1000万円の場合でも、専業主婦を望む男性は2割以下、1500万円以上の場合でも3割以下です。それどころか、「専業主婦になってほしくない」と考える男性の割合が最も高いのは、世帯年収1500万円以上の場合です。

専業主婦になりたい女性に対し、（年収が高いほど）男性は働く女性に魅力を感じているのです。

▼▼男は結婚する自信がない？

女性にとって結婚は経済的なメリットがありそうです。対して、男性はどうでしょうか？

男性がいわゆる専業主夫になるというケースはまだまだまれですから、相手の女性の扶養家族になるという可能性は低くなります。

生活費はかなりセーブできます。お互いにひとり暮らしをするよりは、２人で一緒に住んだほうが安上がりです。家賃や光熱費の基本料金、ネットなどの通信費も、２人暮らしのほうが節約になります。妻が専業主婦であれば年間38万円の配偶者控除が受けられますし、会社によっては家族扶養手当などが加算される場合もあるでしょう。

しかし男性の場合、女性とくらべて明らかな経済的なメリットは小さいといわざるを得ません。

実際に「結婚に利点がある」と考える人の割合は、男性62・4％、女性75・1％と女性のほうが高くなっています（国立社会保障・人口問題研究所「出生動向基本調査」２０１０）。

いっぽう「独身に利点がある」と考える人の割合は男性81・0％、女性87・6％と、

結婚相手に求める条件

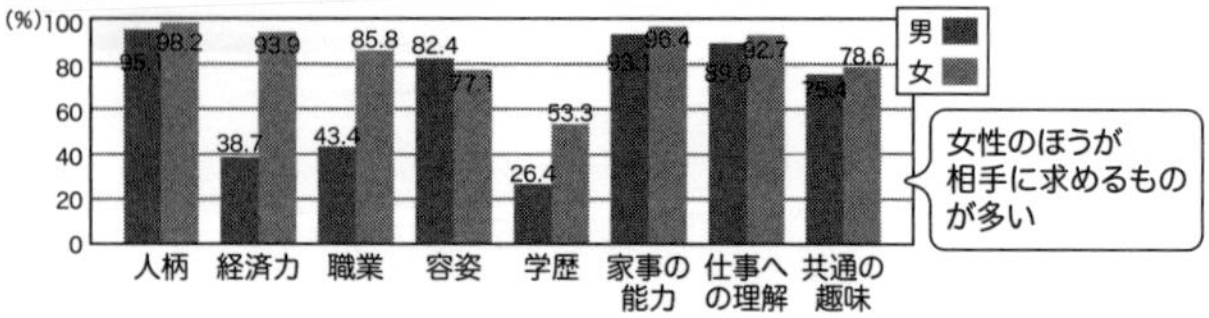

※「重視する」、「考慮する」と答えた人の割合。
※「いずれ結婚するつもり」と答えた18〜34歳の独身者。
国立社会保障・人口問題研究所「出生動向基本調査」(2010)

こちらも女性のほうが高くなっています。結婚のメリットをふまえつつ、独身生活を謳歌《おうか》しているのも女性なのでしょう。

結婚に関して、女性よりも男性の腰が重いというのは事実のようです。厚生労働省の「成年者縦断調査（2012年）」によれば、この10年間に結婚した人のなかで「絶対に結婚したい」もしくは「なるべく結婚したい」と考えた人の割合は、男性が53・9％、女性が62・8％。すでに結婚したカップルでも、女性のほうが結婚に対して積極的であったということになります。

▼男性が「結婚したい女性」の特徴は？

「いつかは結婚したい」と考えているなら、男性が女性のどんな部分を重視しているかを確認しておきましょう。

結婚相手の条件として最も考慮・重視するのは、男女とも「人柄」です（国立社会保障・人口問題研究所「出生動向基本調査」2010）。いわゆる「性格がよい」「フィーリングが合う」という部分でしょう。

それ以外には男女で差が出てきます。女性の9割以上が男性の経済力を考慮・重視

結婚相手に望む年齢

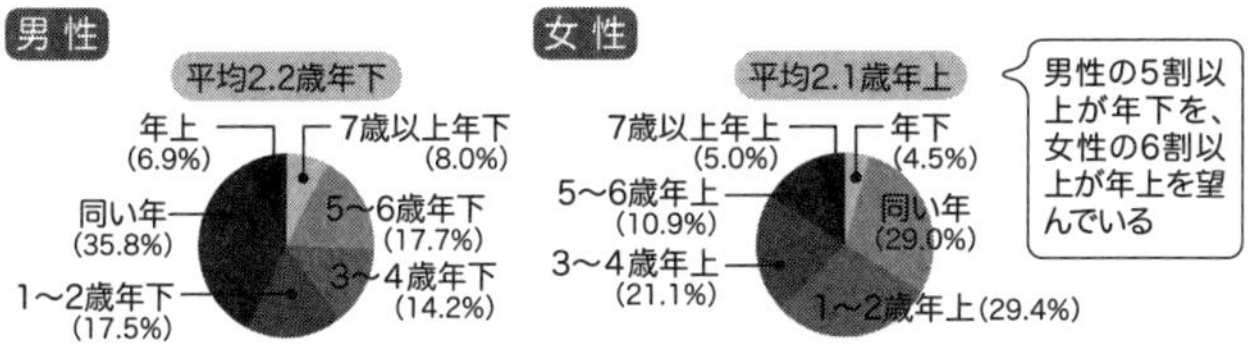

※「いずれ結婚するつもり」と答えた18〜34歳の独身者。
国立社会保障・人口問題研究所「出生動向基本調査」(2010)

しています。さらに容姿よりも職業を見ています。男性の家事能力をチェックしている女性も少なくありません。

対して男性は、女性の経済力や職業、学歴はあまり問題にしていない模様。そのかわり、8割以上の男性が女性の容姿を考慮・重視しています。

言葉は悪いかもしれませんが、「女は多少バカでもきれいな（かわいい）ほうがいい」というのが、男性のホンネなのです。とはいえ女性のほうも、「性格がよくてイケメンで、高年収・高学歴で仕事が安定している人。もちろん家事も手伝ってほしい」と多くを望んでいます。一般的に女性のほうが結婚相手に望む条件が多いといえるでしょう。

結婚相手の年齢ですが、男性のほとんどは同い年か年下の女性を希望しており、年上を希望するのは6・9％です（国立社会保障・人口問題研究所「出生動向基本調査」2010）。対して女性のほとんどは同い年か年上の男性を希望しており、年下を希望するのは4・5％です。7歳以上年上を希望する女性は5・0％ですが、7歳以上年下の女性を望む男性は8・0％です。

「男は若い女性を好む」という定説は間違いないようです。女性側も年下より年上の男性を望む傾向があります。

▼結婚にはやっぱり「お金」「安定」が大事？

人柄や容姿というのは相対的な好みで、絶対的なものではありません。

ここで、どんな人に恋人がいるのかという厳しいデータがあります。

厚生労働省の「成年者縦断調査」（２０１２）によれば、男性も女性も、仕事の正規・非正規が、恋人の有無に影響しているのです。

20代独身女性で異性の交際相手がいる人の割合は、正規雇用41・6％、非正規雇用34・1％となっています。正規雇用のほうが「彼氏がいる」割合が高いのです。

とくに厳しいのは男性です。20代独身男性で異性の交際相手がいる人の割合は、正規雇用の30・7％に対し、非正規雇用は18・7％となっています。

男女とも「フリーターや非正規社員はイヤ」「正社員とつきあいたい」と思っているのです。その先に結婚という未来を考えているからこそ、安心・安定を望んでいるともいえるのでしょう。

また同調査によれば、正規・非正規だけでなく、異性の交際相手がいる人の割合は年収に比例しています。男女とも、所得が高くなるほど、恋人がいる人の割合が増えているのです。

彼氏・彼女ありの割合

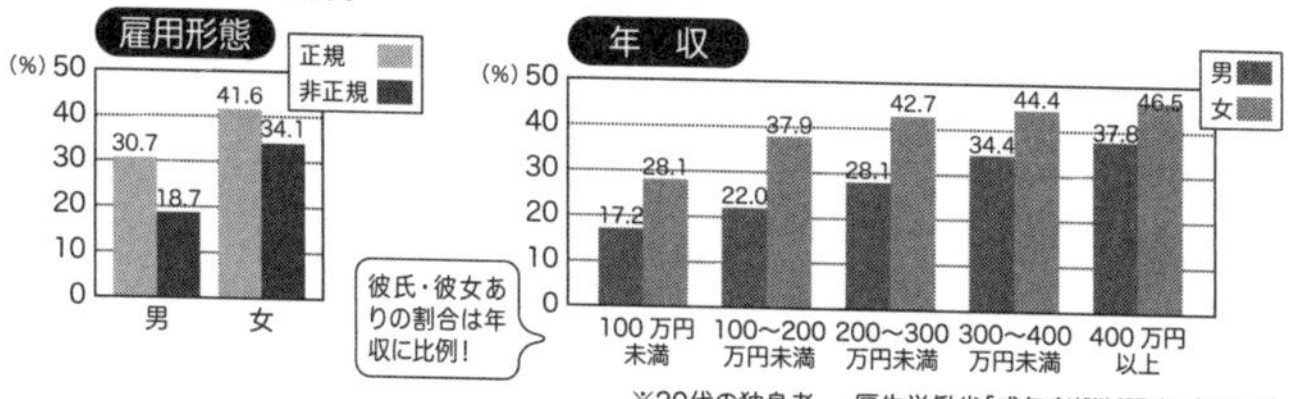

※20代の独身者。 厚生労働省「成年者縦断調査」(2012)

20代男性の場合、年収400万円以上は37・8%、300万～400万円は34・4%、200万～300万円28・1%、100万～200万円22・0%、100万円未満は17・2%と、収入に応じて彼女がいる人の割合は低下しています。

女性の場合も同様で、年収400万円以上は46・5%、300万～400万円は44・4%、200万～300万円42・7%、100万～200万円37・9%、100万円未満は28・1%となっています。

ちなみに、交際相手のいる男性の平均所得は259万円、いない人は225万円、交際相手のいる女性の平均所得は213万円、いない人は191万円です。

恋人を選ぶとき、「中身」か「外見」かという話がよくありますが、現実はもっとシビアなのです。男女とも将来の結婚を見すえて、「収入があり、安定した仕事に就いている人」をしっかり選んでいるのです。

恋愛や結婚に際して、男性が経済力を要求されるのはたしかですが、女性も安穏としてはいられません。

男性は女性の経済力や職業を重視しないという結果もありましたが、現実は少し違っています。男性も女性ほどではないにせよ、相手の職業や経済力を意識するという傾向があるのです。

結婚を決めたきっかけランキング

全体		男性(25〜29歳)		女性(25〜29歳)	
1位	年齢的に適当な時期だと感じた(34.1%)	1位	できるだけ早く一緒に暮らしたかった(29.6%)	1位	年齢的に適当な時期だと感じた(24.9%)
2位	できるだけ早く一緒に暮らしたかった(20.1%)	2位	年齢的に適当な時期だと感じた(18.5%)	2位	できるだけ早く一緒に暮らしたかった(23.5%)
3位	子どもができた(11.2%)	3位	子どもができた(11.2%)	3位	子どもができた(13.4%)
4位	できるだけ早く子どもがほしかった(8.3%)	4位	収入や住居など結婚生活のための経済的基盤ができた(9.9%)	4位	できるだけ早く子どもがほしかった(12.9%)
5位	収入や住居など結婚生活のための経済的基盤ができた(8.1%)	4位	結婚資金(挙式や新生活準備のための費用)ができた(9.9%)	5位	収入や住居など結婚生活のための経済的基盤ができた(9.2%)

厚生労働省「若者の意識に関する調査」(2013)

矛盾しているようで、これもまた真実なのです。

結婚相手に専業主婦を望まない男性が多数派であるように、安定した仕事を持っている人のほうが、恋愛・婚活市場においては有利であり、そうでない人よりも「モテる」ことは間違いないでしょう。

よく「甲斐性のない男なんて！」などといわれますが、女性にもある程度の甲斐性が必要な時代なのです。

▼結婚するにはいくらかかる？

おつきあいしている人がいても、きっかけがないとなかなか結婚に至らないもの。お互い遊びや趣味に夢中だったり、仕事が忙しかったり、キャリアアップを優先したりで、結婚を先延ばしにしてしまいがちです。

既婚者が結婚を決めたきっかけの上位は、「年齢的に適当な時期だと感じた」(34・1%)、「できるだけ早く一緒に暮らしたかった」(20・1%)、「子どもができた」(11・2%)となっています(厚生労働省「若者の意識に関する調査」2013)。

ただ、「年齢的に適当な時期だと感じた」という回答が多くなるのは男女ともに30

結婚にまつわる平均額

項目別平均額		
	仲人へのお礼	2.0万円
	結納式の費用	17.2万円
	両家の顔合わせの費用	7.1万円
	婚約指輪	36.6万円
	結婚指輪	23.2万円
	挙式、披露宴・披露パーティ総額	351.0万円
	新婚旅行	61.8万円
	新婚旅行土産	11.1万円

総額（推計値） 458.9万円

ご祝儀額総額 223.2万円

親・親族からの援助額 189.6万円

※援助を受けた場合の平均額

リクルートブライダル総研「ゼクシィ結婚トレンド調査 首都圏版」（2013）

代後半が多く、「そろそろ年貢の納めどき」といった感じで結婚するケースも多いようです。つきあいが長くなれば「できるだけ早く一緒に暮らしたい」というような情熱も薄れてきますから、きっかけや勢いがないとなかなか結婚に至らないのも、晩婚化が進む一因なのでしょう。

というわけで、何かのきっかけで勢いがついたら、いざ結婚です。

結婚するには「お金がかかりそう」「結婚資金を貯めなければ」と考えている人もいるでしょう。

いわゆるきちんとした結婚式・披露宴をしようとなると、やはりそれなりのお金がかかります。

結婚式（披露宴含む）の平均費用は、351・0万円です（リクルートブライダル総研「ゼクシィ結婚トレンド調査 首都圏版」2013）。ただし、結納式、婚約指輪、結婚指輪、新婚旅行費用などをひっくるめると、平均458・9万円かかっています。

「そんな大金持ってないよ！」という人も多いでしょう。

結婚式の費用を考えるときに忘れてはならないのが、ありがたいご祝儀です。出席してくれた方々からいただくご祝儀の平均は223・2万円。差し引きすれば自己負担額は235・7万円です。

これならお互い100万円ちょっとの貯金があれば大丈夫です。

さらに、74・6％の人が、結婚費用について親や親族からの援助を受けています。ありがたい援助額の平均は189・6万円。これならお互い23万円の貯金があれば、結婚費用をまかなえます。

同調査によれば、新婚旅行の行き先はやはり海外が多く（85・6％）、「ヨーロッパ」（25・2％）や「ハワイ」（24・1％）が人気です。平均日数は7・2日、平均旅行費用は61・8万円です。

ただし、いまや地味婚も当たり前になりました。バブル時代に流行ったスモーク＋ゴンドラで新郎新婦入場のような派手なパフォーマンスはもはや過去の遺物。披露宴やパーティではブーケプルズやブーケトス、ライスシャワーなどシンプルな演出が人気です。

ホテルや結婚式場などでの豪華な披露宴は行わず、人前式、神前式プラス親族のみの食事会といった形でこぢんまり挙げるという人も増えています。

▼結婚式・披露宴ナシが7割以上!?

いまや地味婚どころではなく、結婚式や披露宴を挙げない「ナシ婚」も増加しています。

たしかに役所に行って婚姻届を提出するだけなら、結婚費用はゼロです。

総務省「経済センサス」（２０１２）によれば、冠婚葬祭業の事業者による結婚式・披露宴の年間取扱件数は約19万３０００件、対して同年の婚姻件数は約66万９０００組です。

ということは、約29％の人しか結婚式・披露宴を行っていないことになるのです（ただしこれは一般的な結婚式場やホテルなどで挙げる人の数であり、ブライダル業者を通さないレストランウエディングや親族のみの食事会は含まれていません）。

「再婚同士だから2回目はちょっと……」「いい年だからはばかられる……」といった人の存在を考慮に入れても、いまどきの結婚は、かならずしも結婚式・披露宴という流れではないのです。

結婚式を挙げなくても、新生活をスタートさせるにはお金がかかります。

新生活準備にかかった平均費用は１００・９万円です（リクルートブライダル総研「ゼ

クシィ新生活準備調査」2013）。結婚式・披露宴を行う場合は先ほどの費用にこの金額がプラスされます。

インテリア・家具の購入には平均39・0万円、家電製品の購入には平均35・0万円かかっています。結婚後の住まいは、「賃貸」が71・6％、購入が10・6％（親と別居の場合）となっています。

結婚式を挙げなくても、結婚には多少のお金がかかります。

いずれにせよ、お互い結婚資金を貯めるのは必須なようです。

▼結婚までのタイムスケジュール

ここで結婚式・披露宴までの一般的なタイムスケジュールを確認しておきましょう。

お互いの両親への挨拶からはじまり、費用問題、段取り、招待客、結婚式・披露宴の手配など、ふたりでやらなければならないことがたくさんあります。

意見の違いでケンカになることもあるかもしれません。しかしそれを乗り越えてこそ、ふたりの絆が深まるのです。

①両親への挨拶：1年〜半年前
②両家の顔合わせ：1年〜半年前
③結納（省略する場合も多い）：半年前〜3、4ヵ月前
④結婚式と披露宴の手配・準備：半年前〜3ヵ月前
⑤新居の準備：半年前〜3ヵ月前
⑥入籍：1ヵ月前〜当日
⑦挙式・披露宴：当日
⑧新婚旅行：挙式直後〜数ヵ月以内

結婚式は入籍だけ先に行い、挙式・披露宴は少しあとで行うというカップルも増えています。一般的なブライダル業者にお願いすれば、招待状やドレス、披露宴の進行内容等はすべてウエディングプランナーと打合せして決定することになります。

結婚に際して、忘れてはならないのが相手の家族とのつながりです。とくに相手の両親によい印象を与えることは、結婚生活をスムーズにスタートさせるために重要なポイントです。思いやりの心を持って礼儀正しく振る舞い、よい関係が築けるようにしておきましょう。

子どもの結婚相手に求めるものランキング

1位	性格・人柄(93.5%)
2位	健康(69.3%)
3位	愛情(49.0%)
4位	収入(32.5%)
5位	職業(23.3%)
6位	家事・育児の能力(18.3%)
7位	年齢(15.8%)

※25 歳から44 歳までの未婚の子どもを持つ親。
オーネット「団塊ジュニア世代の親が子どもに望む結婚についての意識調査」(2012)

結婚に際し、親の気持ちを知っておくことも大切です。親は子どもの結婚相手に対して、どんなことを気にしているのでしょうか？

子どもの結婚相手に望むものは、上位から「性格・人柄」（93・5％）、「健康」（69・3％）、「愛情」（49・0％）となっています（オーネット「団塊ジュニア世代の親が子どもに望む結婚についての意識調査」２０１２）。結婚すれば先の長いつきあいになるのですから、やはり内面を重視する傾向にあるのでしょう。

別の調査でも、親は子どもの結婚相手に対し、意外にも「職業」「容姿」「家柄」などにはさほどこだわらないという結果が出ています。逆に許容できないのは「（男性側が）主夫」「男性側のほうが年収が低い」「子どもがいる」「15歳以上の年齢差」など。ちなみに子どもの理想の結婚相手を有名人でたとえると、第１位は安めぐみ、向井理だそう（パートナーエージェント「子供の結婚に対する親の意識調査」２０１２）。

ちなみに、どちらかの親と同居している人の割合は、妻が29歳以下で24・9％、30～34歳では16・5％と最も低くなっています（国立社会保障・人口問題研究所「全国家庭動向調査」２００８）。結婚当初から親と同居している人は少ないため、多くの場合同居による「嫁・姑戦争」のようなものはなく、適度な距離を保っていられそうです。

ただ、親との同居率は30代から年齢とともに上がり、45～49歳では36・8％になり

親と同居の割合

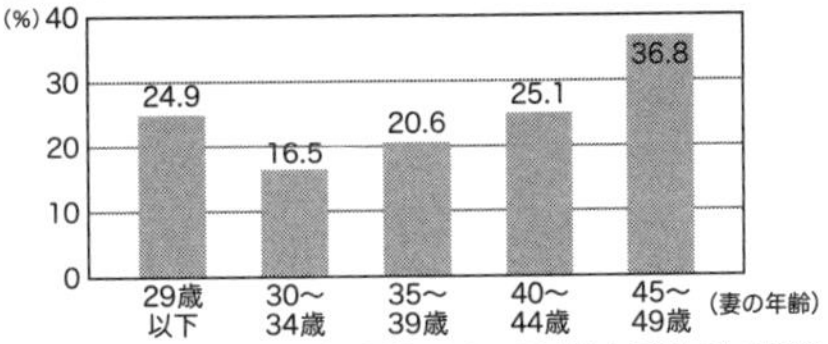

※妻の両親、夫の両親の4人のうち誰かと同居している割合。
国立社会保障・人口問題研究所「全国家庭動向調査」(2008)

ます。若いうちは夫婦（プラス子ども）だけの生活であっても、親の年齢が上がってくると、「そろそろ同居を……」という話になる可能性も高いのです。

▼▼ 結婚生活を長続きさせるために

多くの場合、やはり結婚＝幸せの象徴です。

20代の独身女性が結婚したいと思う理由は、上位から「子どもがほしい」（58・0%）、「好きな人と暮らしたい」（56・6%）、「自分の家庭を持ちたい」（44・3%）、となっています（明治安田生活福祉研究所「結婚・出産に関する調査」2013）。

対して男性側は、上位から「好きな人と暮らしたい」（70・5%）、「自分の家庭を持ちたい」（48・6%）、「子どもがほしい」（37・6%）。女性のほうが家庭を持ちたいという意識が強く、男性のほうが好きな人と暮らしたいという意識が強いようです。

結婚してよかったと思う理由も、とくに女性の場合は年代が上がるごとに「好きな人と暮らせた」という答えが減っていき、「子どもを持てた」「家庭を持てた」という答えが増えていきます。結婚生活が長くなると、夫本人よりも子どもや家庭が大切という側面が大きくなるのは間違いなさそうです。

配偶者に望むことランキング

男性		女性	
1位	とくになし(27.7%)	1位	健康に気を使ってほしい(32.5%)
2位	短気・ヒステリーをやめてほしい(21.7%)	2位	もっとねぎらいや、いたわりの言葉がほしい(24.4%)
3位	もっとねぎらいや、いたわりの言葉がほしい(20.0%)	3位	とくになし(15.0%)
4位	自分ひとりの時間をもっと持たせてほしい(19.2%)	4位	会話の時間をもっと増やしてほしい(14.2%)
5位	自分勝手・わがままな行動をやめてほしい(11.2%)	5位	家事をもっとしてほしい(13.2%)

※20〜49歳の既婚者
※複数回答。
明治安田生活福祉研究所「結婚・出産に関する調査」(2013)

夫婦がいつまでも仲良く、結婚生活を長続きさせるためには、お互いへの思いやりが大切です。

妻が夫に望むことは、意外にも「健康に気を使ってほしい」(32・5%)という現実的なもの。次いで「もっとねぎらいや、いたわりの言葉がほしい」(24・4%)、「とくになし」(15・0%)、「会話の時間をもっと増やしてほしい」(14・2%)となっています(明治安田生活福祉研究所「結婚・出産に関する調査」2013)。

そして、夫が妻に望むことの回答で最も多かったのは……「とくになし」(27・7%)。次いで「短気・ヒステリーをやめてほしい」(21・7%)でした。

男性のほうが健気《けなげ》なのか、それとも妻への関心のなさのあらわれなのかわかりませんが、相手への要望が多いのは妻側であるといえそうです。

▼離婚する人、しない人の違いは?

新婚時代のラブラブ生活から、結婚生活はだんだん現実となっていきます。

「結婚してよかったと思うか?」との問いに対し、「そう思う」「まあそう思う」と答えた人は、20代男性で90・9%、20代女性で89・5%となっています(明治安田生活

結婚してよかったと思うか

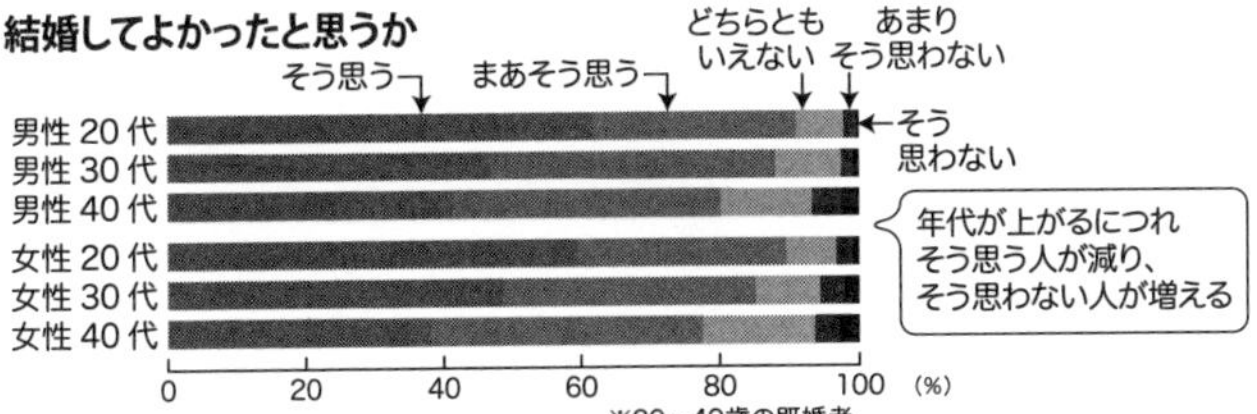

※20〜49歳の既婚者。
明治安田生活福祉研究所「結婚・出産に関する調査」(2013)

福祉研究所「結婚・出産に関する調査」２０１３）。しかしこの割合は、年齢とともにじわじわ下がってしまいます。

とくに「そう思う」と断言した20代の男性は61・6％、女性は59・6％でしたが、40代になると、男性41・3％、女性38・1％と、約20％も減ってしまうのです。

そして愛を誓い合ったはずの２人にも、別れが訪れる場合があります。

1年間の婚姻件数は66万８８６９組、対して離婚件数は23万５４０６組です（厚生労働省「人口動態統計」２０１２）。１日に１８３３組のカップルが仲睦まじく婚姻届を出すいっぽうで、６４５組の夫婦が別れを選び、離婚届を提出しているのです。

日本の婚姻件数は団塊の世代が結婚期を迎えた１９７２年をピークに徐々に減少傾向にあります。離婚数は１９９０年頃から急激な増加傾向にありましたが、２００２年をピークに徐々に減少しつつあります。

成田離婚や熟年離婚といった言葉がありますが、実際には何歳くらいの人が離婚しているのでしょうか？

離婚した人の年齢を見てみると、夫・妻ともに30代が最も多く、それぞれ全体の35・1％、37・7％を占めています（厚生労働省「人口動態統計」２０１２）。

次いで40代、20代となっており、やはり若年層での離婚が多いことがわかります。

離婚時の年齢

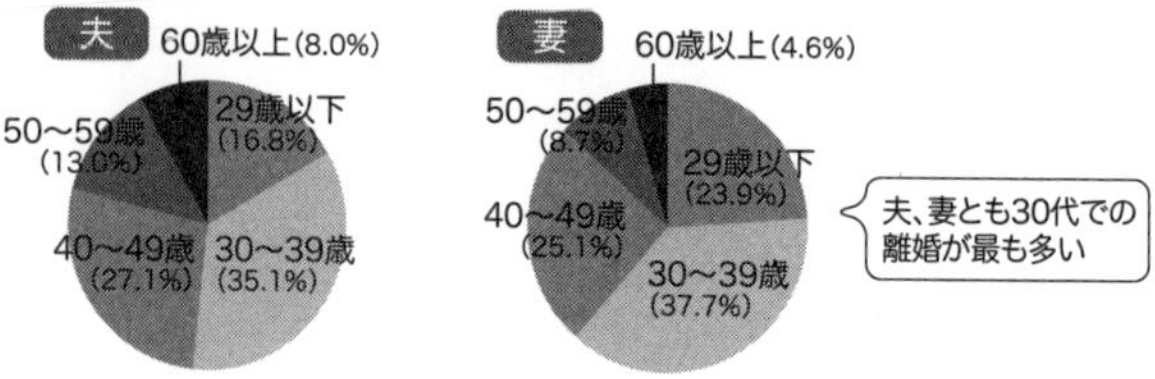

厚生労働省「人口動態統計」(2012)

平均初婚年齢（夫30・8歳、妻29・2歳）を考えると、結婚後数年でうまくいかなくなるケースが多い模様。熟年離婚が増えたとはいえ、一緒に過ごした時間が長くなるほど、離婚する確率は低いのです。

離婚したカップルが結婚生活に入ってから同居をやめるまでの期間は「5年未満」（34・5％）が最も多く、以下「5〜10年」（22・0％）、「10〜15年」（15・0％）と、期間が長くなるほど数字が減っていきます（厚生労働省「人口動態統計」2012）。

そして2012年の司法統計によれば、離婚申し立ての理由の上位は、妻側、夫側ともに「性格が合わない」がトップです。多くの人が結婚相手の「人柄」を重視していたはずなのですが……。続く離婚理由は、妻側が「暴力をふるう」「生活費を渡さない」、夫側が「異性関係」「精神的虐待」となっています。

▼いちばん幸せなのは誰？

女性の幸せとは何でしょうか？

あなたはどんなことを幸せだと感じますか？

これは、既婚か未婚か、子どもの有無などによって差があります。

普段の生活で幸せを感じるときランキング

	既婚(子どもあり)	既婚(子どもなし)	独身
1位	家族団らんのとき(61.0%)	夫といるとき(65.4%)	1人でのんびりしているとき(40.4%)
2位	子どもといるとき(41.5%)	おいしいものを食べているとき(44.8%)	おいしいものを食べているとき(38.6%)
3位	おいしいものを食べているとき(34.5%)	1人でのんびりしているとき(31.3%)	恋人といるとき(29.7%)
4位	1人でのんびりしているとき(34.0%)	家族団らんのとき(24.4%)	友人等といるとき(28.7%)
5位	夫といるとき(16.5%)	ペットといるとき(19.8%)	家族団らんのとき(24.2%)

※複数回答。
※20〜50代の女性。
明治安田生活福祉研究所「女性の幸せに関する意識調査」(2011)

「普段の生活で幸せを感じるとき」は、既婚・子どもありの女性が「家族団らんのとき」、既婚・子どもなしの女性が「夫といるとき」、独身の女性が「1人でのんびりしているとき」という回答がそれぞれトップになっています（明治安田生活福祉研究所「女性の幸せに関する意識調査」2011）。

また、同調査によれば「女性に生まれてよかったと思うことは何か？」との問いで、既婚・子どもありの女性は「子どもを産み育てることができる」という回答が、既婚・子どもなしの女性と未婚女性は「おしゃれや化粧、美容を楽しめる」という回答が最も多くなっています。

子どもの有無だけでなく、実際に、結婚している女性のほうが幸福感を感じることもたしかなようです。

同調査によれば、現在の状況を幸せだと感じる女性は、夫がいる人が78・7%、恋人がいる人が11・2%、夫も恋人もいないという人が10・1%となっています。恋人の有無は幸せにあまり影響しないにもかかわらず、結婚していることで幸せだと感じる女性が非常に多いのです。

人が幸福度にプラスの影響を及ぼす要因は何でしょうか？

いったいどういう人が、いちばん幸せなのでしょうか？

内閣府の「国民生活白書」（2008）によれば、幸福にプラスの影響を及ぼす要因、マイナスの影響をおよぼす要因の分析結果は次のようになっています。

●幸福度にプラスの要因

・女性であること
・子どもがいること
・結婚していること
・世帯全体の年収が多くなっていくこと
・大学または大学院卒であること
・学生であること
・困ったことがあるときに相談できる人がいること

●幸福度にマイナスの影響

・年齢が高いこと
・失業中であること
・ストレスがあること

これは、独身女性にとっては、現実的でショッキングな結果です。

少々イヤな表現をすれば「高収入のエリートと結婚して（あるいは自らも高収入で）、かわいらしい子どもを持ち、信頼できる友人がたくさんいる」という、『VERY』だとか『家庭画報』だとか、独身女性が「ふんっ」と反旗を翻したくなるような雑誌がモデルとしているハイソな奥様像が世のなかでいちばん幸せな人たちであるということになってしまうのです。

そして、年齢を重ねること、仕事がなくなることといった、将来誰にでもやってくる厳しい現実が幸福度を下げてしまうのです。

つまり、これから30代、40代と年を重ねるにつれ、幸せではなくなってしまう可能性が高いということ。ちなみに、日本では若いほど幸福度が高く、年齢が高くなるほど幸福度が下がっていく傾向があるのですが、アメリカではまったく逆で、年齢が上がるほど幸福度が高くなるというデータがあります。

もちろん、幸せになるために「エリート男性と結婚して子どもを産まなければならない」というわけではありません。

結婚しなくても、子どもがいなくても幸せを感じ、充実した人生を送っている女性は実際にたくさんいます。結婚していて子どもがいても、家庭の不和などで幸せを感じられない人もいるでしょう。

しかし28歳の女性としては、こういった調査結果があることを、ぜひ頭の片隅においてほしいのです

第3章 お金 money

金融資産の平均保有額

金融広報委員会「家計の金融行動に関する世論調査」(2013)

貯蓄の平均は1000万円!?

世のなか、何はなくともお金です。

ところで、みなさんには貯金がどのくらいありますか？

同じお給料をもらっていても、「宵越しの銭は持たない」とばかりにパーッと使ってしまう人もいれば、アリとキリギリスのアリのようにコツコツ貯めている人もいることでしょう。自分はいったいどのレベルなのか、多少なりとも他人のフトコロ事情が気になるものです。

というわけで、世のなかの人はどのくらい貯金をしているのでしょうか？

金融広報委員会の「家計の金融行動に関する世論調査」（2013）によれば、2人以上世帯の金融資産の保有額は、なんと1101万円です。

「え？　みんなそんなに持ってるの!?」と青ざめた人はご安心ください。

この1101万円という数字は、億超えの資産があるような一部の富裕層によって吊り上げられた数値です。

普通の人の水準である中央値（データを個別に並べたときに中央にくる数値）は、それ

金融資産なしの割合

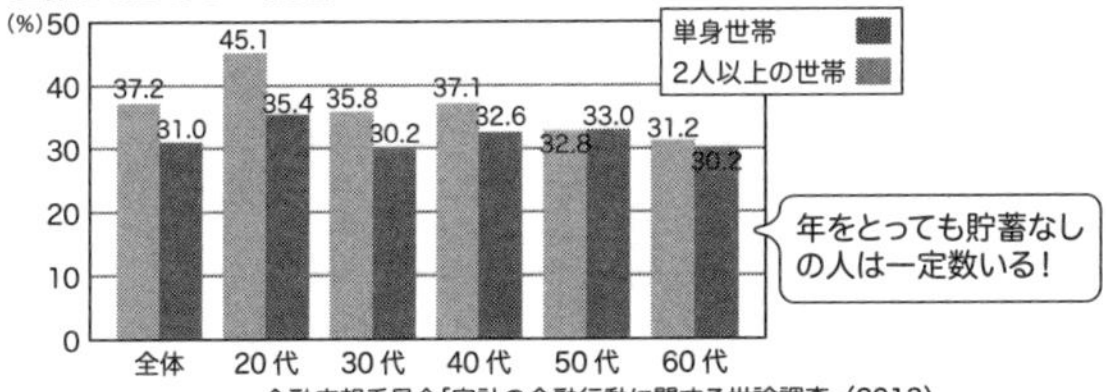

金融広報委員会「家計の金融行動に関する世論調査」(2013)

よりもかなり低い330万円です。

平均値は前年とあまり変わりありませんが、中央値は120万円も下落しました。ますます富める者と貧しい者の格差が広がった、ということなのかもしれません。「330万円もないよ！」という人もご安心ください。これは2人以上世帯のデータです。

単身者のデータを見てみると、平均値が798万円、中央値は100万円です。「100万円もないよ！」という人もご安心ください。世のなかには貯金ゼロという人も少なくありません。

金融資産がないという人の割合は、単身世帯は全体で37・2%、20代で45・1%もいるのです（2人以上世帯は全体で31・0%、20代は35・4%）。

ただ、下を見て安心ばかりもしていられません。

独身の人は結婚や出産、既婚の人は出産や子育て、もっと先の話をすれば老後まで、これからやってくる人生のステージを生き抜くうえで、頼りになるのはやはりお金。いざというとき、あなたの味方になってくれるのはお金です。女がお金を持っているだけで、人生の選択肢を広げることができるのです。

そういうと身も蓋もないようですが、人間は裏切ることもあるでしょう。でも、お

保有資産別マーケットの分類

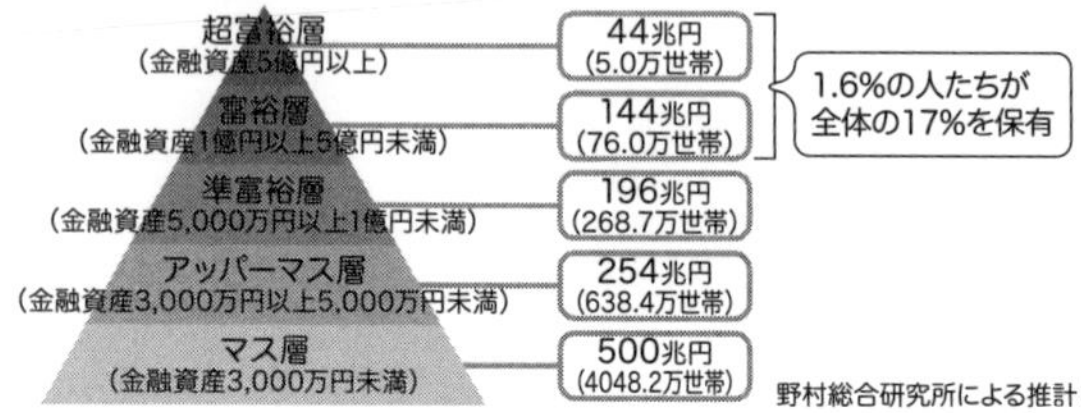

野村総合研究所による推計（2011）

金はあなたを裏切りません（貨幣価値が大きく変わらないかぎり……）。

お金はないよりあったほうがいい。だからこそ、来るべき30代、40代を乗り切るために、いまからしっかり貯めていく努力も必要なのです。

とはいえ、これまでのようなどんぶり勘定ではなかなかお金は貯まりません。本章ではお金と真剣に向き合い、貯める・増やすためのノウハウをご紹介します。

▼▼ 誰がお金を持っているのか？

格差社会などといわれる世の中です。

日本における個人金融資産の総額は約1600兆円といわれますが、誰がいったいお金を持っているのでしょうか？　お金はどこにあるのでしょうか？

野村総合研究所の調査（2011）によれば、日本には「超富裕層」が約5万世帯、「富裕層」が約76万世帯存在します。ちなみに同研究所の定義では、「富裕層」は純金融資産1億円以上5億円未満の人たち、「超富裕層」は純金融資産5億円以上の人たちのことです。

日本の総世帯数は約5195万世帯ですから（総務省「国勢調査」2010）、富裕

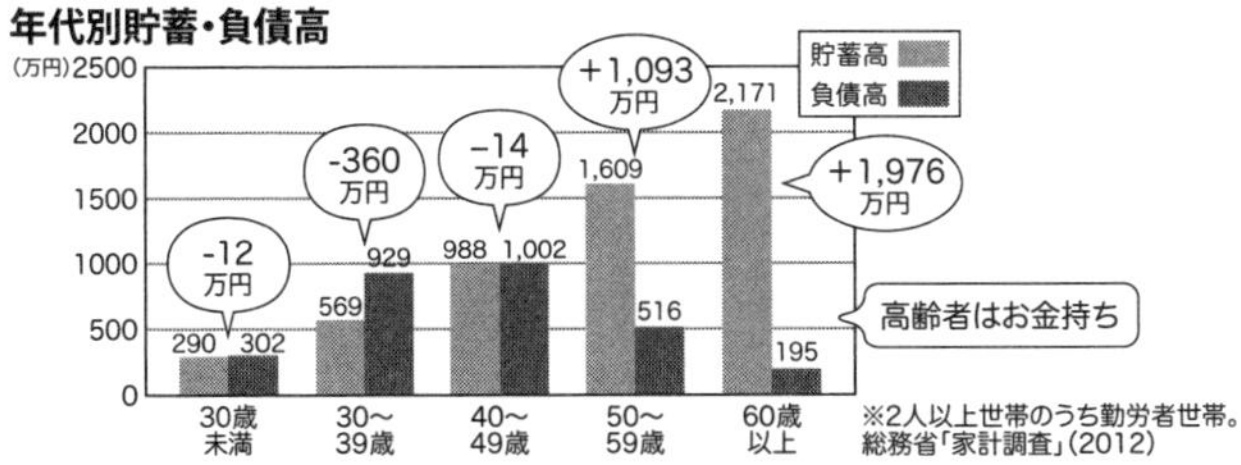

層もしくは超富裕層である世帯は、全体の約1・6％です。この1・6％の人たちが持つ金融資産額は188兆円にのぼり、全世帯合計の約17％を占めています。

富裕層あるいは超富裕層の人たちがどんな生活をしているのかははかりしれませんが、あるところにはあるものです。ただ、億単位などという金額は、われわれ一般庶民にはあまり関係のない話かもしれません。

身近なところでいえば、年齢の高い人ほどお金を持っています。

総務省の「家計調査」（2012）によれば、世帯主が30歳未満の世帯の平均貯蓄高は290万円です。30代になると貯蓄高は569万円に増えますが、住宅ローンなどによる負債高が929万円となり、差し引きマイナス360万円となります。40代では貯蓄高988万円、負債高1002万円でほぼ差し引きゼロです。

資産と負債のバランスが逆転してようやく資産らしいものが築けるのが50代で、資産高－負債高が約1000万円となります。

そして最もお金持ちなのが、60歳以上の人たちです。

60歳以上の平均貯蓄額は2171万円、負債も195万円しかありません。負債を差し引いても2000万円近くになり、ダントツにお金を持っています。

警察庁によれば、振り込め詐欺の被害額は年々増え、2013年は487億円にものぼっています。弱者を狙うといわれる振り込め詐欺ですが、世のなかの「お金があるところ」に狙いを定めているともいえるのでしょう。

ただ、これらの平均貯蓄・負債高はあくまで現状の数値です。約30年後、みなさんが60歳以上になろうとするとき、自動的に2000万円ものお金が貯まるわけではありません。

いまの高齢者は、戦中・戦後の苦労を経験した人も多いですが、その後の高度経済成長期を通ってきました。

1980年の郵便貯金の通帳貯金金利はなんと4・56％、定期貯金金利は6・5〜8・0％ほどでした。いまではあり得ない高金利です。

これがどのくらいの高金利なのかというと、たとえば100万円を10年間、金利7％・半年複利で預けると、約387万円にもなるのです。いま聞いたら「投資詐欺か？」と思ってしまうほどの金利ですね。まじめに働き、貯金していれば、どんどんお金が増えていく時代だったのです。

ごぞんじのように、いまはそうはいきません。

現在のゆうちょ銀行の通帳貯金の金利は0・03％、定期貯金でも0・035〜0・06％です（2014年4月現在）。100万円を10年間、半年複利で金利0・04％で預

平均年収の推移

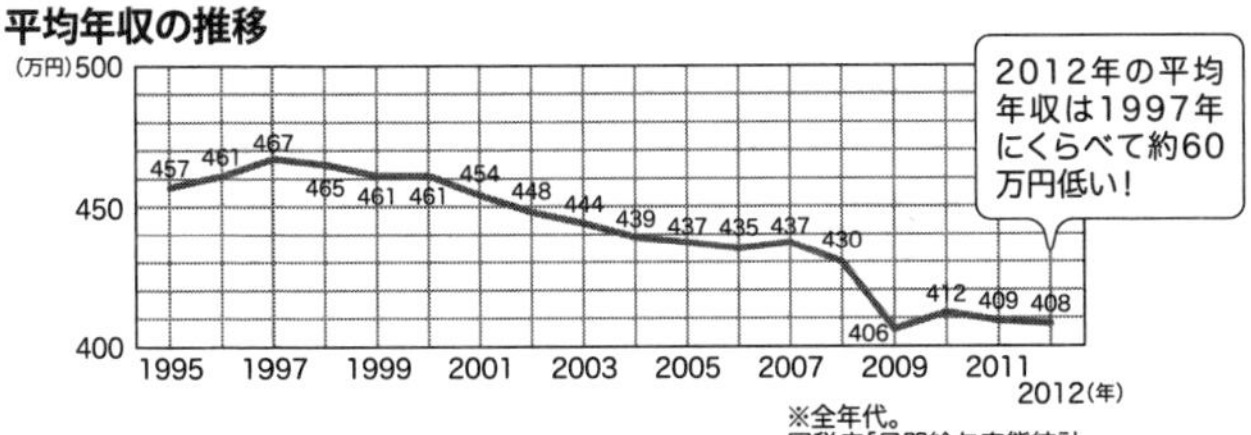

※全年代。
国税庁「民間給与実態統計」

けても、100万8000円ほどにしかなりません。

しかも2012年の平均年収408万円は、15年前の1997年の467万円とくらべ、59万円も下落しています（国税庁「民間給与実態統計」）。

さらに、2014年の4月に消費税が8%になりました。今後は10%への引き上げ予定も控えています。消費税の増税は低所得者層ほど負担が大きくなるという試算もあります。

残念ながら、みなさんがいまどきのお年寄りのような豊かな老後を過ごせる保証はどこにもないのです。

▼節約しているつもりがマイナスになることも!?

貯蓄をするためには、

①収入を増やす
②支出を減らす

のどちらかしかありません。
①の収入を増やす。これはそうかんたんではありません。
転職してもかならず収入が増えるわけではありません。
パートタイムやアルバイトなどの場合は労働時間を増やすこともできるでしょうが、
フルタイムで働いていればこれ以上働くことはむずかしいでしょう。
副業などを考える人もいるでしょうが、副業の疲れで本業に悪影響を及ぼしてしまったら、元も子もありません。
②の支出を減らす。これは比較的かんたんです。
お金をなるべく使わない、いわゆる「節約」をすればよいのです。

ただし、節約には効率的なものと、非効率的なものがあります。

効率的な節約とはどんなものでしょうか?

「不必要なものは買わない」というのはシンプルかつ効率的な節約といえるでしょう。

また、「大きな買い物をするときには細心の注意を払う」というのも大切です。家電、家具や家、車などの高額商品は、購入時期をずらす、商品をよく吟味するなどで、大きな違いが出るものです。たとえばワンシーズン前の型落ち家電なら、最新家電よりも数千円~数万円も価格が下がっている場合もあります。

対して、非効率な節約とはどんなものでしょうか？

まず、数円〜数百円単位の節約のために、「時間」を無駄にすることです。

スーパーでお惣菜に半額シールが貼られるまでうろうろ待つ。10円安いキャベツを買いに30分かけて隣町のスーパーに行く。交通費を50円浮かすために、時間をかけて目的地に向かう……。

時間があり余っている人ならよいでしょうが、これらは貴重な時間の浪費です。最低賃金のアルバイトでも、30分働けば数百円にはなります。数十円のために30分かけるなら、勉強したり、仕事をしたりするほうがよほど効率的です。

また、クーポン券や無料券を使おうとしてついでによけいなものまで注文・購入してしまったり、ポイントを貯めようとして不必要かつ割高な商品を買ってしまったり。これらも非効率な節約の代表格です。

日々1円単位で節約しているにもかかわらず、大きな買い物はよく考えずに決めてしまうなんていうこともよくあること。本人は節約をしているつもりでも、逆にお金を減らしてしまう場合も少なくありません。

非効率な節約の罠は、あちこちに潜んでいるのです。

◎ポイント貯めてる？
20代の女性の8割以上が普段の買い物でポイントを利用している。また、女性が意識して貯めたり使ったりしているポイントサービスは、上位から「楽天スーパーポイント」、「Tポイント」、「WAONポイント」、「Pontaポイント」、「nanacoポイント」と続く（DNP「メディアバリューレポートvol.61」2013）。

▼▼無理なくゆっくり貯めていこう

かの有名な投資家、ウォーレン・バフェットは、「お金に関しての最大の間違いはなんですか？」という問いに次のように答えています。

「最大の間違いは、早いうちに正しい貯蓄の習慣を学ばないこと。貯蓄というのは習慣だからです。そしてすぐにお金持ちになろうとすることです。ゆっくりお金持ちになるのは非常にかんたんですが、すぐにお金持ちになるのはむずかしいのです」（2014年1月、アメリカのテレビ番組『the Dan Patrick Show』でのインタビューにて）。

「コツコツゆっくり貯金」なんて、しんきくさくてイヤだと感じるかもしれません。しかし将来お金に困らないためには、少しでも早く貯蓄の習慣をつけることが大切です。

28歳のいまなら、まだまだ間に合います。

30代、40代になって「貯金がない！」とあせりはじめることのないように。貯蓄に関しては、早く気づき、早くはじめた人が圧倒的に有利なのです。

たとえば、20歳から月に3万円貯金する習慣をつければ、10年間で360万円になります。30代で少し収入が上がったとして、月に5万円貯金していけば、10年間で600万円貯まり、40歳時点で約1000万円の貯蓄ができています。

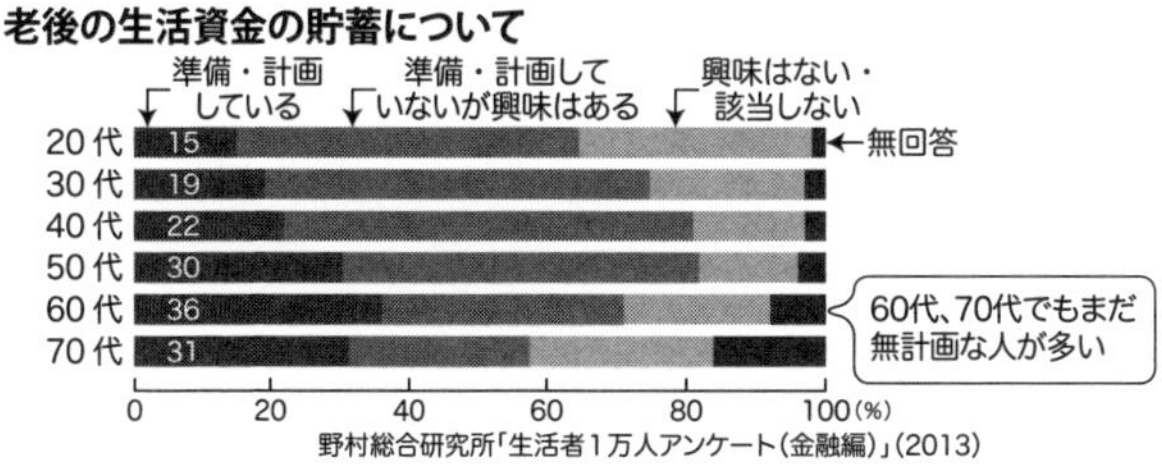

みなさんも仮に23歳から28歳までの5年間、月に3万円貯金していたなら、通帳の残高は180万円になっているはずです。

40歳で貯蓄がないと気づき、毎月5万円貯金したとしても、1000万円貯めるには16年以上かかってしまうのです。

20代のみなさんには、ほしいものややりたいことがたくさんあるでしょう。化粧品や服を買いたい、習いごとをしたい、旅行に行きたい……。もちろん、それらをすべてあきらめる必要はありません。

でも、生活を少し見直してみれば、いろいろな無駄が潜んでいるかもしれません。節約も考え方ひとつ。我慢する、ケチケチするのではなく、生活の無駄を削ぎ落とすと思えばよいのです。

「老後の生活資金の貯蓄」を準備・計画している人は、20代で15%、30代で19%、40代で22%、50代でも30%しかいません（野村総合研究所「生活者1万人アンケート（金融編）」2013）。多くの人が「準備・計画していないが興味はある」と答え、実際の行動まではできていないのが実情なのです。

弱肉強食のサバイバル社会を生き抜いていくためには、明日からではなく、いまこの瞬間から、貯蓄をはじめましょう。

▼あなたに合った貯蓄方法は？

さて、支出を減らしてお金を増やすためには、貯蓄の習慣を身につけなければなりません。とはいえ、貯蓄の方法には向き不向きがあります。いくつか紹介しますので、自分に合った方法を見つけてみましょう。

●家計簿をつける

家計簿と聞くと、「面倒くさそう」「続くはずがない」と考える人も多いでしょう。でも、家計簿は貯蓄の王道です。支出を減らす第一歩は「何に、どれだけ使っているのかを知る」こと。家計簿をつける目的はここにあります。

お金が貯まらない理由は何でしょうか？　外食が多いのか、服を買いすぎるのか、家賃が高過ぎるのか……。家計簿をつけることで、自分の消費傾向を知ることができます。

素敵なデザインの家計簿もたくさん売られていますから、手帳感覚で選んで気分を盛り上げるのもよいでしょう。

手書きや計算が苦手だという人には、オンライン家計簿や家計簿アプリなどもたくさんあります。面倒な計算は不要、勝手に家計を分析してくれるものもありますから面倒くさがりな人、時間がない人にもおすすめです。エクセルのテンプレートを使うという手もあります。

●予算を袋分けする

「家計簿が続かなかった」という人におすすめなのが、袋分け法です。

たとえば食費2万円、交際費1万円、美容・ファッション費1万円、日用品3000円など、毎月予算を決めてお金をそれぞれの分類袋（封筒など）に入れておき、そのなかから使います。

大切なのは「予算以上は絶対に使わないこと」。あまったお金は繰り越さず貯蓄にまわします。クレジットカードで支払いをしたら、袋からその分を出して口座に入金します。

別バージョンで、財布分け法があります。生活費（食品・日用品）、こづかい（衣服費・交際費）、雑費（医療費・美容院費）など、財布をいくつかに分け、袋分けと同じように月々予算を決めてそのなかでやりくりします。

◎ポジティブ節約の時代⁉

アサヒグループホールディングスが2014年に行った調査によれば、「節約を意識して生活をしている」人は9割以上。しかし節約生活を「苦しい」と答えている人は3人に1人程度で、半数近くが「むしろ楽しい」「苦しいと思ったことがない」と答えている。自炊を楽しむ、無料スポットや公的施設などでのレジャー、健康のために電車やバスに乗らず歩くなど、ポジティブ思考で節約をしている人が増えている。

●給料の2割を天引き

「家計簿も袋分けも面倒くさい！」という人におすすめなのが、給料天引き法です。お給料が振り込まれたら、問答無用で2割を別の貯蓄用口座に移します。残りの8割で生活し、2割には絶対に手をつけないという方法です。もちろん3割、4割でもかまいません。これならいつのまにかお金が貯まります。意志の弱い人は、お金を引き出せないように貯蓄用口座のキャッシュカードをつくらないようにしましょう。また、会社に財形貯蓄制度があれば、そういったものを利用してもよいでしょう。

貯蓄の習慣をつけることで、節約は苦しいものではなくなります。

生活のレベルを上げるのはかんたんですが、落とすのは非常に困難なもの。長年あればあるだけ使ってしまうという生活をしていると、貯蓄することがむずかしくなるのです。

いずれにせよ、我慢するよりも貯蓄を楽しむという意識が大切です。

貯蓄体質になるためには、だんだん増えていく預金残高を眺めてひとりにんまりする……くらいの品のなさも必要なのかもしれません。「2年で100万円！」といった目標を立てるのもよいでしょう。

▼▼ 小さな浪費でお金がなくなる

「ブランド物にも興味がないし、高級レストランで食事するわけでもないのに、なぜかお金が貯まらない」という人がいます。

「ラテマネー」という言葉をご存じですか？　これはカフェでコーヒーを飲むなど、日常のちょっとした消費のこと。

たとえば、スターバックスコーヒーのスターバックスラテ（ショート）は税込み345円です（2014年4月現在）。これを毎朝出社時に買って飲んでいたら、345円×20日で月6900円、6900円×12ヵ月で年間8万2800円にもなります。

もちろんスタバのラテのみを悪者にするわけではありません。

「コンビニで買い物ついでにチョコや雑誌」「駅の売店でドリンク」「待ち合わせまで時間があるからカフェ」「居酒屋で最後にもう一杯だけ」「スマホのゲームでつい課金」なども同様です。

たかが数百円と思っても、ちりも積もればなんとやら。毎日何気なく使っているお金も合計すると意外に大きいものです。「なんとなくカフェに寄る」という習慣をやめるだけでも、年間8万円以上貯蓄できるのですから。

支出を「投資」「消費」「浪費」の3つに分けてみると、必要なものと無駄なものを見分けやすくなります。

・投資……リターンが見込めるもの。支出金額＜価値（健康管理費、勉強のための書籍など）

・消費……必要なもの。支出金額＝価値（食費、水道光熱費、生活日用品費など）

・浪費……不要なもの。支出金額＞価値（過度な外食、使用頻度の低い衣服、高価なブランド品、ギャンブル等）

この3つのなかで、いかに「浪費」の部分を減らすかがポイントです。「かわいいという理由だけで買ったキャラクターグッズ」「レビューを読んで衝動的にポチってしまった商品」などはもちろん浪費です。

隣の芝生は青く見えるものですが、「隣の芝生をあえて見ない」ことも大切かもしれません。「友人が話題の店に食事に行ったらしい」→「自分も行きたい」。「友人がかわいい服を着ていた」→「自分も同じような服がほしい」。こういった思考回路を断ち切りましょう。

平均消費支出と内訳

消費支出	16万1,464円	うち菓子類	2,447円	教養・娯楽費	1万9,419円
食料	3万1,529円	うち飲料・お酒	2,942円	うち書籍・ほかの印刷物	1,962円
うち穀類	1,960円	住居費	3万1,705円	うち習いごと等の月謝類	1,649円
うち魚介・肉類	1,673円	光熱・水道費	7,904円	うち旅行等	4,622円
うち乳卵類	1,029円	家具・家事用品	6,114円	その他	2万6,250円
うち野菜・果物・海藻	2,050円	被服及び履物	1万2,683円	うち理美容サービス	4,359円
うち外食	1万4,130円	保健医療	4,153円	うち理美容品	4770円
うち調理食品	4,293円	交通・通信	2万1,706円	うち交際費	1万1,656円

※34歳以下の女性の単身・勤労者世帯。
総務省「家計調査」(2012)

女性を対象にしたアンケートでは、今後減らしたい消費のトップ3は「外食費」「食費」「衣料費」。経済的余裕ができたら増やしたい支出のトップ3は「貯蓄など財産づくり」「趣味・娯楽費」「子どもの教育費」だそう（第一生命「消費行動に関する調査」2012）。できるところで切り詰めて、貯蓄や楽しみに使いたいという傾向があらわれています。

34歳以下の女性の単身・勤労者世帯の平均消費支出（社会保険料などをのぞく支出）は、16万1464円となっています（総務省「家計調査」2012）。働くひとり暮らしの若い女性の暮らしぶりは意外に質素なのです。その主な内訳は、「食料」3万1529円、「光熱・水道費」7904円、「被服及び履物」1万2683円など。

あなたならどこを節約するか、考えてみましょう。

たとえば「食料」の内訳は、「外食」1万4130円、「菓子類」2447円、「調理食品」4293円、「お酒」644円となっています。ひとり暮らしの若い女性は、パン、米、肉、魚、卵、野菜、調味料などには7649円しか使っていませんから、外食やコンビニ、スーパーでお弁当やお惣菜を買う率が高いのでしょう。

お菓子、調理食品、外食を半分にすれば、月に1万円以上の節約ができ、貯蓄にまわせます。

年齢別持ち家率

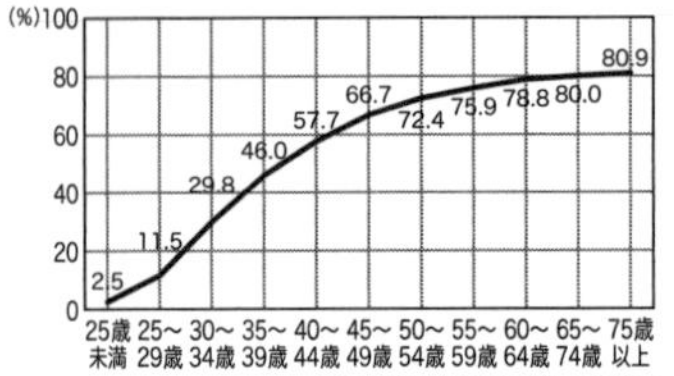

総務省「土地統計調査」(2008)

今後望ましい住居形態

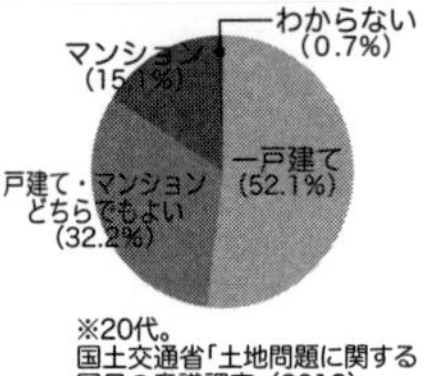

※20代。
国土交通省「土地問題に関する国民の意識調査」(2012)

▼家を買うのはどんな人？

みなさんは、家を買いたいと考えたことはありますか？

シングルの人は「そんなこと考えたこともない」かもしれませんが、結婚したり子どもが生まれたりすると、「そろそろ……」という感じになるのが一般的なようです。

事実、「土地・建物を両方とも所有したい」と答えた人の割合は全体の79・8％。20代は55・5％ですが、30代になると78・3％に増加します。また、今後望ましい住居形態は「一戸建て」であると答える人が71・3％、20代は過半数の52・1％が「一戸建て」、15・1％が「マンション」がよいと考えています（国土交通超「土地問題に関する国民の意識調査」２０１２）。

持ち家率を見てもわかります。25～29歳で11・5％だった持ち家率は、30代で大きく増え、40代で過半数を超えます。65歳以上になると、8割以上の人が自分の家を持っています（総務省「土地統計調査」２００８）。ただし都市部での持ち家率は低く、東京都は最下位の44・6％、大阪府は53・0％です（1位は秋田県の78・4％）。

では、どんな人が家を買っているのでしょうか？

国土交通省の「住宅市場動向調査」（２０１２）によれば、マンション等を含む新

新築分譲住宅購入者の年代と世帯年収

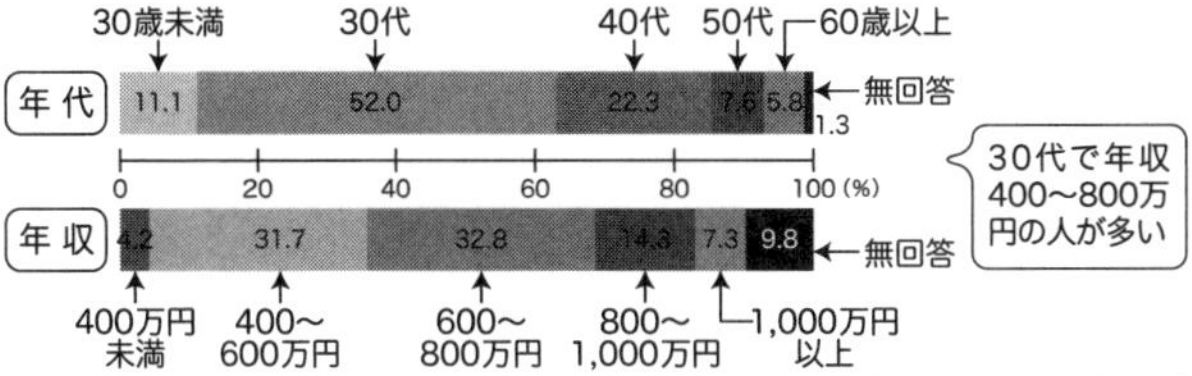

国土交通省「住宅市場動向調査」(2012)

築分譲住宅購入者の年齢は30代が最も多く（52・0％）、平均年齢は39・0歳です。30歳未満で購入した人も11・1％、10人に1人います。

購入者の世帯年収は「600～800万円未満」が最も多く32・8％、次いで「400～600万円未満」の31・7％となっています。

購入前の住まいは賃貸住まいの人が50・9％と過半数を超え、月額家賃の平均は約8万円でした。のべ床面積は66・8平米から89・2平米に増え、購入したことで広さにゆとりが出ています。

別の調査によれば、首都圏の新築マンションの場合、平均購入価格は4168万円。子どもあり世帯が4割以上を占めるそうです（リクルート住まいカンパニー「首都圏新築マンション契約者動向調査」2013）。

独身でマンション購入を考える人も少なくありません。首都圏の新築マンション購入者のうち独身の人は11・4％で10人に1人以上、うち独身男性が6・0％、独身女性が5・4％です。新築マンション購入者の20人に1人以上がシングル女性だということです。

30代を目前に控えた20代のみなさんにとって、住宅購入は遠い未来の話ではありません。そろそろ真剣に考えなければならない現実なのです。

首都圏新築マンションの契約者層

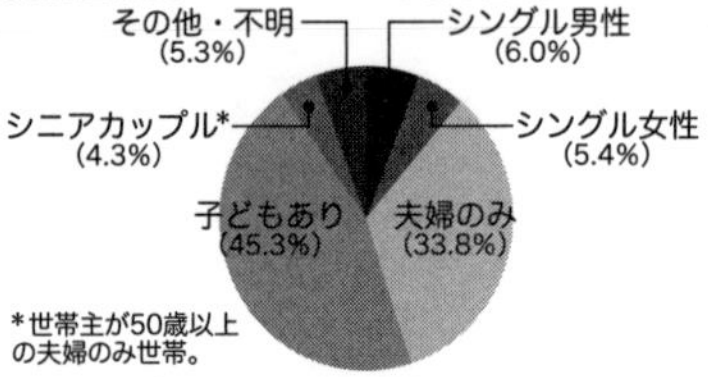

*世帯主が50歳以上の夫婦のみ世帯。

リクルート住まいカンパニー「首都圏新築マンション契約者動向調査」(2013)

では、いくらあれば家が買えるのでしょうか？　全額キャッシュで買えない場合は、銀行にお金を借りて家を買います。前出の「住宅市場動向調査」（２０１２）によれば、新築分譲住宅購入の場合、63％の人が住宅ローンを組んでいます。

ローンを組んだ場合、平均返済期間は29・0年です。みなさんがこれから頭金を貯めて35歳で家を買うなら、約30年間、65歳までローンを払い続けることになります（繰り上げ返済をすれば返済期間は短くなります）。

自己資金の割合は平均31・６％。３５００万円のマンションを買う場合、約１１００万円ものお金を自己資金として準備しているのです。

ただし、住宅ローンには審査がありますから、誰でもローンを組めるというわけではありません。住宅ローンを断られた理由のトップ3は、「年収」（41・９％）、「勤続年数」（32・６％）、「ほかの債務の状況や返済履歴」（25・６％）です（分譲住宅の場合、国土交通省「住宅市場動向調査」２０１２）。いわゆる社会的信用がなければ、銀行がお金を貸してくれないのです。

かんたんな試算を紹介しておきます。５００万円の自己資金で３０００万円のローンを組み３５００万円の家を買う場合。２％の固定金利で30年ローンを組むと、毎月の返済金額は約11万円です。総支払額は約４０００万円となり、約１０００万円の利

購入と賃貸のメリット・デメリット

	メリット	デメリット
購入	・ローン返済が終われば住宅費が減る ・資産が残る ・自分の家という精神的満足感 ・広い、設備等のグレードが高い場合が多い ・自由にリフォームができる	・ライフスタイルが変わっても住み替えできない ・初期費用が大きい ・住宅ローン以外にも維持費がかかる ・不動産価格が下落する可能性がある ・かんたんに売却できない可能性がある
賃貸	・ライフスタイルに応じて住み替えが可能 ・初期費用が少ない ・維持費が少ない ・不動産価格下落などの影響があまりない	・家賃を払い続けても資産が残らない ・高齢になっても家賃を払い続けなければならない ・狭い、設備等のグレードが低い場合が多い ・リフォームができない

息を支払うことになります。

仮に頭金を1000万円貯めれば、毎月の返済金額は約9万円、総支払額は約3300万円で利息は約800万円となり、約200万円もセーブできるのです。

▼ 購入と賃貸、どちらがお得？

「家賃がもったいないから、家は買えるなら買ったほうがいい！」と考える人も多いでしょう。

「賃貸が得か、購入が得か」という議論があります。これまでさんざん交わされてきたこの議論に結論は出ていません。50年程度のスパンで考えれば支払い総額はどちらもさして変わらないといわれていますし、どちらにもメリット・デメリットがあり、ライフスタイルや家族形態などによっても条件が変わってくるからです。

たとえば購入した場合。

一般的には購入物件のほうが、床面積が大きい、設備などのグレードがよいという面があります。老後の住居費を心配しなくてよいというのも大きな安心につながります。借り物ではない「自分の家」であるという精神的満足感も大きいでしょう。

ただし、不動産を購入するときには諸費用（新築物件は物件価格の3～7%、中古物件は物件価格の6～10%が目安）がかかります。そして所有しているだけで毎年固定資産税（プラス都市計画税）がかかります。固定資産税は土地・建物の評価額に応じて決められるため一概にはいえませんが、3500～4000万円くらいの一戸建てを所有するとしたら、20～30万円くらいは覚悟しておきましょう。

一戸建てならメンテナンスや建て替えの費用も考慮に入れなければなりませんし、マンションなら管理費はもちろん、修繕費の出費もバカになりません。ご近所トラブルがあったとき、かんたんに引っ越すこともできません。ローンを組んだら返済が終わるまで払い続けなければなりません。

対して賃貸の場合は、生活スタイルやそのときの状況に応じて場所、広さ、家賃などを選べるという自由さがあります。仲介手数料や更新料といった出費はありますが、不動産を所有するにあたってかかる費用よりは軽微だといえるでしょう。

ただし、住宅ローンはいつか払い終わりますが、家賃は払い続けなければなりません。きちんと貯蓄しておかないと、老後に収入が減ったとき住む場所がないという不安を抱えて生きていかなければなりません。

しいていえば、購入と賃貸の最も大きな違いは、「資産が残るか否か」ということなのかもしれません。

さて、不動産価格は現在同様に維持されるのでしょうか？　いま家を買ったら、30年後にはいったいどのくらいの価値になるのでしょうか？

東京都の推計によると、都の人口は東京五輪が開かれる2020年の1336万人をピークに減少に転じ、2060年には1036万人に減少するそうです。

団塊世代や団塊ジュニア世代といった人口の多い年齢層が年をとり、高齢化も一層進行します。

人口はどんどん減っていくのに、住宅はどんどん建てられています。国土交通省の「新設住宅着工統計」によれば、2013年に東京都内で新たに着工されたマンションや一戸建ては、合わせて14万4562戸にものぼっています。

家の価格は上がるのか、下がるのか、もちろん確実なことはいえません。将来何が起こるのかは、誰にもわからないからです。

人口減を考えれば不動産価格は下がるともいえますし、急激なインフレなどが起これば、人口減を考えても不動産を持つことが有利な場合もあります。ただ、長い目で見たときに資産価値が上昇する可能性が高いとはいえない状況なのです。

「建物は預貯金や株式などにくらべて有利な資産である」について、「そう思う」と答えた人は19・6％、「そうは思わない」と答えた人は55・4％です（国土交通省「土地問題に関する国民の意識調査」2012）。

日本の土地信仰、持ち家信仰は揺らぎつつあるのです。

ひとついえることは、無理をして買うくらいなら、その分お金を貯めておくという選択肢があるということ。とくに素人がローンを組んで投資目的で不動産を買うのはおすすめできません。

多くの人にとって、家は一生でいちばん大きな買い物です。自分の人生、そしてライフスタイルを見極めて、慎重に決断することが大切です。

▼やっぱり保険は入っておいたほうがいい？

生命保険、医療保険、車の保険……。テレビをつけると、四六時中保険のコマーシャルが流れています。コマーシャルが多いということは、それだけ効果がある、つまりたくさんの人が加入するということです。

日本人は保険が大好きな国民だといわれます。2人以上の世帯の生命保険の加入率は、なんと90・5％だそうです。個人年金保険の加入率も23・4％と高くなっていま

生命保険の基本3パターン

定期保険	養老保険	終身保険
満期あり 掛け捨て 解約返戻金なし	満期あり 満期保険金あり 解約返戻金あり	有期払い or 終身払い 一生涯保障 解約返戻金あり
満期までの一定期間を保障する。掛け捨てのため保険料は安いが貯蓄性はない。	満期までの一定期間を保障する。満期保険金・解約返戻金により貯蓄性がある。	一生涯を保障する生命保険。解約返戻金により貯蓄性がある。

す（生命保険文化センター「生命保険に関する全国実態調査」２０１２）。

とくに生命保険には、死亡保障、入院保障、医療保険、老後・貯蓄保障などさまざまなものがあります。いまは掛け捨てと積み立てを組み合わせるなど、商品内容が非常に細分化・複雑化されています。ですから受けられる保障もさまざま、保険料もさまざまです。

28歳の女性が民間保険を検討するなら、どんなものがあるでしょう。必要なのはいざというときの医療保障でしょうか？　まさかのときの死亡保障でしょうか？

「医療保険くらい入っておかないと……」と考える人は多いかもしれません。もしもあなたが病気やケガをして、1ヵ月の治療費・入院費が１００万円かかってしまったとしたら……。「そんなに払えないから、やっぱり医療保険くらい必要だよね」と思いますか？

日本には国民皆保険というすばらしいシステムがあります。たとえ医療費が１００万円かかった場合でも、通常3割負担ですから30万円です。しかもさらに高額療養費制度というありがたいものがあり、月々の自己負担額に上限が設けられています。

一般的な所得者の場合、負担の上限額は、

8万１００円＋（医療費－26万７０００円）×１％ですから、

高額療養費制度

区　分	自己負担限度額（過去1年間に3回まで）	4回目以降
上位所得者（月収53万円以上など）	15万円＋（総医療費－50万円）×1％	8万3,400円
一般	8万100円＋（総医療費－26万7,000円）×1％	4万4,400円
低所得者（住民税非課税）	3万5,400円	2万4,600円

医療費が100万円かかった場合（一般）

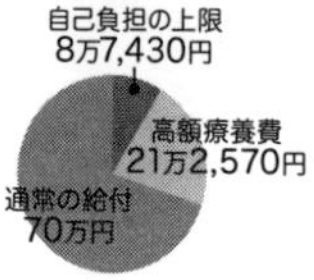

※1ヵ月の負担上限。
※70歳未満の場合。

この場合の自己負担限度額は、

8万100円＋（100万円－26万7000円）×1％＝8万7430円

となります。月に100万円の医療費がかかっても、支払う金額は8万7430円ですむのです。どうしても個室に入院したいという場合の差額ベッド代、高度な先端医療を受けたいという場合の治療費など、保険適用外のケースは別ですが。

結婚して子どものいるあなたは、「夫が死んだら私（や子ども）はどうなるの⁉」と思うかもしれません。（公的年金に加入している）夫が亡くなったときには、遺族年金制度があります。シングルマザーになれば、児童手当に児童扶養手当や児童育成手当などが加算されます（遺族年金と児童扶養手当の併給はできません）。

自治体によっては、ほかにもさまざまな手当てやケアもあります。

意外になんとかなる……かもしれません。

もちろん、民間の保険に加入すればプラスアルファの保障にはなります。「保険に入っておいてよかった！」という場合もあるでしょう。

ただしもともと保険というのは、本当に余裕がなく、何かあったときにはにっちもさっちもいかなくなるような人のための相互扶助制度です。世のなかで本当に生命保険が必要な人などかぎられているともいえるのです。ある程度の蓄えがあれば（28歳の独身女性なら50〜１００万円程度が目安）、民間保険は不要なのかもしれません。

とくに生命保険は、人生で2番目に大きな買い物（1番目は家）といわれています。たとえば月々3万円の保険料を支払えば、年間36万円です。28歳から60歳まで32年間加入したとすると、１０００万円を優に超えます。長い人生、１０００万円を超える買い物をすることなどそうあることではありません。

「月々たったの〇〇円」「あなたでも入れる」「〇歳でも入れる」といったうたい文句のみにまどわされないこと。住宅購入も同様ですが、「月々いくら」といわれると、「それなら払えるかも……」と思ってしまうものなのです。

①その保険は自分に本当に必要か（自分の不安・リスクの正体を見極めて納得する）
②どんなときに、いくらもらえるのか（保障の内容を確認して納得する）
③保険料はいくら払うのか（総額を計算して納得する）

保険を選ぶときは、軽い気持ちで契約せず、この3点をしっかり確認しましょう。

▼▼投資で不労所得を目指そう

フトコロに余裕のある人は、投資を考えてみるのもよいでしょう。

現在の金利では使わないお金を普通預金で寝かせておいてもほぼリターンは期待できません。

銀行に預金するということは、銀行にお金を貸しているようなものなのですが、銀行は金利をほとんど払ってくれないのです。

投資とは、「お金を働かせる」こと。

「お金は寂しがりや」という言葉があるように、お金がお金を呼びよせてくれるものなのです。

たとえば、年利3％で運用できる金融商品があった場合。

お金がなければ、いくら有利な金融商品があっても無関係。リターンはゼロです。

100万円投資すれば年間3万円のリターンになります。3万円あればちょっと豪華なディナーを食べて、洋服を何枚か買うこともできますね。

では、1億円投資できたらどうでしょう。1億円を年利3％で運用すれば年間300万円のリターンになります。300万円ということは……、女性の平均年収よりも多いですね。つまり金利で十分暮らしていけてしまうのです。

このように、投資にはお金がお金を引き寄せるといった側面があります。いつもお給料ぎりぎりの生活をしている人の寂しいお財布から、お金は仲間のたくさんいるところに逃げてしまうのです。

ただ、投資にはリスクとリターンがあります。お金がうまく働いてくれることもあれば、失敗して元金を減らすこともあります。

金融商品を選ぶ基準は次の3つ。

①流動性：いつでも換金できるか（好きなときに引き出せないものは流動性が低い）
②安全性：元本は保証されているか（元本割れのリスクがあるものは安全性が低い）
③収益性：高いリターンが見込めるか（金利が低いものは収益性が低い）

この3つをすべて満たした金融商品はありません。

たとえば、普通預金は「安全性」と「流動性」は高いですが、「収益性」が低くなります。定期預金は普通預金より「流動性」に欠けますが、「収益性」は少しアップします。株や投資信託は「安全性」は低くなりますが、「収益性」はアップします。

投資信託の仕組み

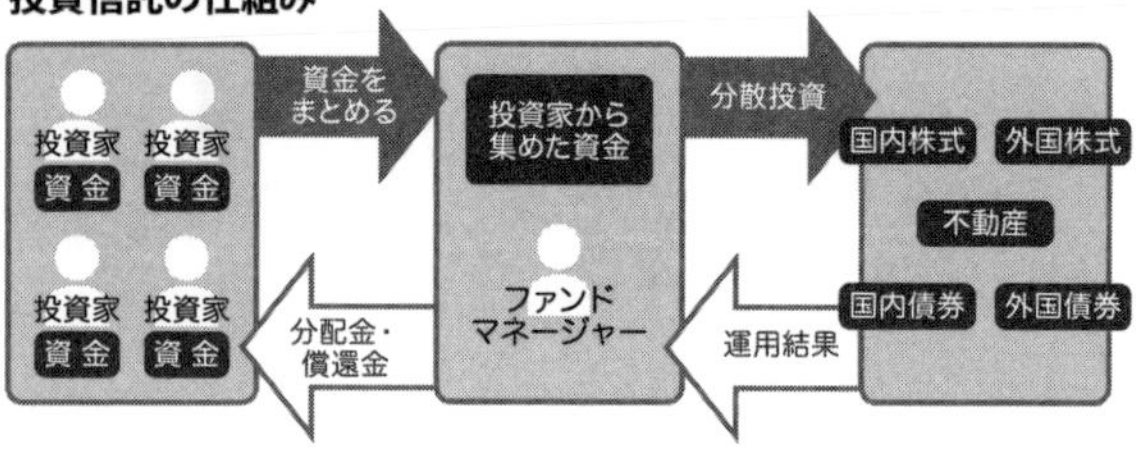

ここで、普通預金や定期預金以外の主な金融商品をかんたんに紹介します。

・株式投資……株式会社が発行する出資証券（有価証券）を売買する投資方法で、買値と売値の差額で利益を出す。

株式を保有していると、会社によっては年に1～2回、配当金や株主優待の権利を受け取ることができる。

・投資信託……多くの人から集めた資金を、投資のプロであるファンドマネージャーが複数の株式や債券等で投資・運用し、その成果が投資家に分配される。

どんなものを組み込むかによってそれぞれ違いがあり、値動きも異なる。ETF（日経平均株価などの指数に連動する）、REIT（不動産に投資する）、金ETF（金価格に連動する）なども投資信託のひとつ。

・外貨預金……米ドルなど外国通貨で預金する投資方法。国内の円預金よりも高金利が見込める。

さらに自国通貨と外国通貨とを交換する際の為替差益があり、預け入れ時よりも円

FXのしくみ

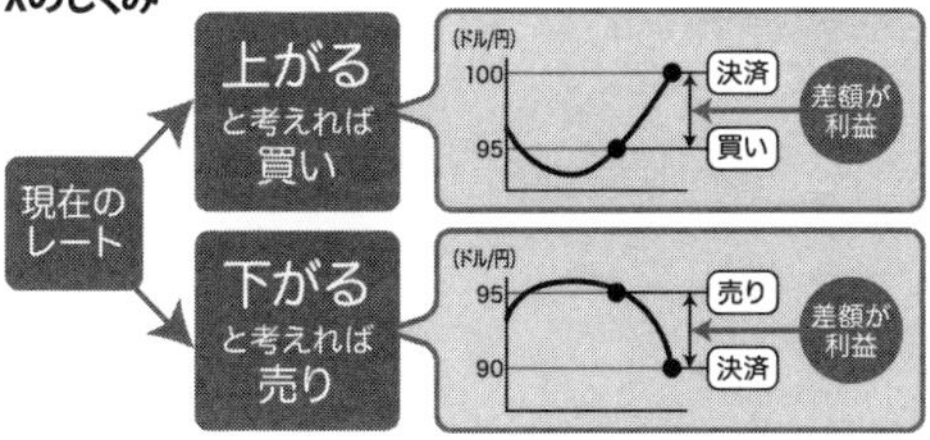

安になれば為替利益のリターンがあり、円高になれば為替差損で元本割れのリスクがある。両替のレートに銀行の手数料が含まれている場合が多い。

・債券……国や地方自治体、企業などが資金調達のために発行する有価証券。国が発行するのは国債、会社が発行するのは社債で、国や会社にお金を貸すという形になる。株式と似ているが、債券はあらかじめ利率や満期日などが決められているためしくみは定期預金に近い。比較的安全性は高いが、国の財政や会社が破綻すれば元本が戻らなくなる可能性もある。

・FX……「外国為替証拠金取引」(Foreign Exchange)の略称。外貨を売買し、買値と売値の差額で利益を出す投資方法。現在のレートより上がる(円安)と思ったら買い、下がる(円高)と思ったら売る。レバレッジを利用する(個人の場合元本の25倍までの額を売買できる)ことで大きな利益を得ることができるが、大きく損をすることもあるためリスクが高い。

・金投資……金地金や金貨などを購入する投資方法。金価格の変動で損得が決まる。

投資と聞くとむずかしく聞こえます。

しかし株式投資も売買自体はむずかしいものではありません。10万円以下の少額投資も可能ですから、「投資を経験してみたい」という初心者にはおすすめの投資方法だといえるでしょう。

ちなみに投資信託や外貨預金は銀行でも取り扱っていますが、株式投資をはじめる場合は証券会社に口座を開かなければなりません。いずれの場合も、手数料などのコストをかならず確認しましょう。

また、2014年からは個人投資家向けのNISA（少額投資非課税制度）がはじまりました。証券会社や銀行でNISA口座を開くと、100万円までの株式投資や投資信託の値上がり益や配当・分配が非課税となります。

普通預金や定期預金と違って元本割れのリスクがあるような投資は「余裕資金」ではじめるのがポイント。

たとえば当面使う予定のない200万円の預貯金があったら、4分の1の50万円からはじめてみるなど、リスクマネジメントを心がけましょう。

また、必要なお金には手をつけないこと。

たとえば子どもの教育費、マイホーム貯金を投資にまわすのはNGです。

個人投資家の年収

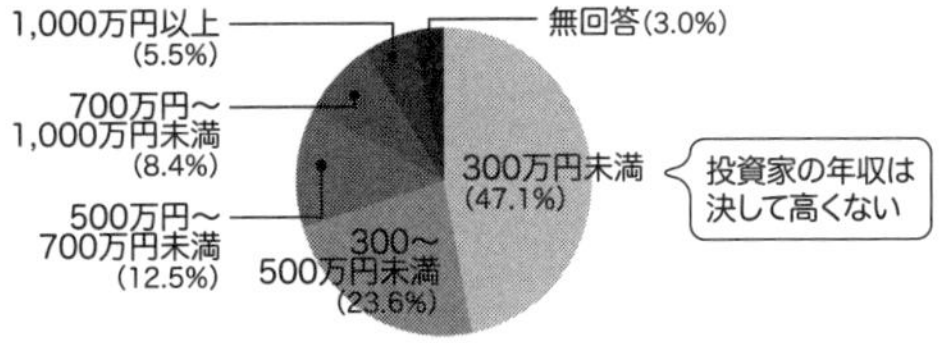

日本証券業協会「個人投資家の証券投資に関する意識調査」(2013)

多少減らしたところで「勉強代」と思えるくらいのお金ではじめてみるのが、投資で大失敗しないための鉄則です。

投資家というとお金持ちというイメージがありますが、決してそんなことはありません。

実際に投資をしている人の年収で最も多いのが「３００万円未満」で47・１%、次いで「３００～５００万円未満」が23・６%となっており、約7割（70・７%）が年収５００万円未満の一般庶民なのです（日本証券業協会「個人投資家の証券投資に関する意識調査」２０１３）。

▼本当に必要な老後資金はどのくらい？

私たちはなぜ、貯蓄をするのでしょうか？

日本人の金融資産の保有目的は、「老後の生活資金」が65・８%でトップ、次いで「病気や不時の災害への備え」が63・８%となっています（2人以上世帯の場合、金融広報中央委員会「家計の金融行動に関する世論調査」２０１３）。

このように、多くの人が老後に不安を抱えています。

高齢無職世帯の家計収支

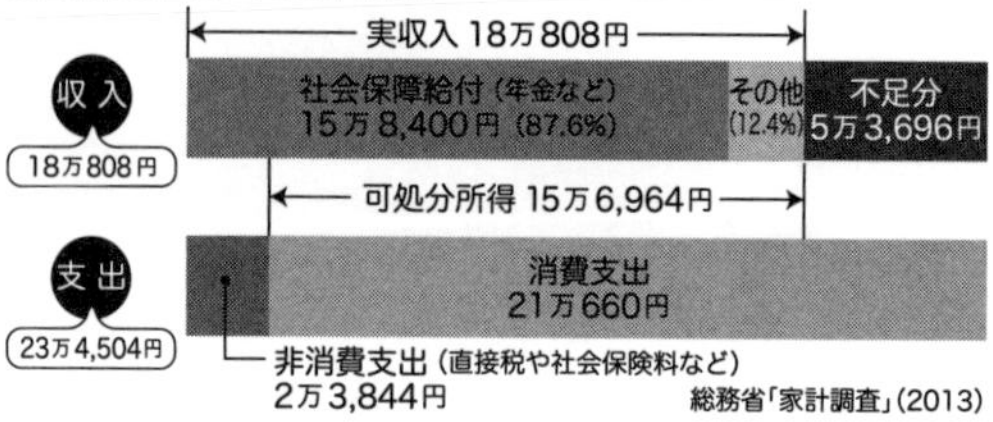

28歳にとって老後はまだまだ先の話かもしれませんが、お金はすぐに貯まりません。早いうちからの備えが必要なのです。

必要な老後資金は3000万円だとか5000万円だとか、いや、ゆとりある老後のためには1億円必要だなどともいわれています。

いったいいくらあれば安心できるのでしょうか？

現状から考えてみましょう。

世帯主が60歳以上の高齢無職世帯の月平均収入は18万808円。そのうち15万8400円が年金などの社会保障給付です。

平均支出額は23万4504円となっています。

ということは、月々5万3696円足りないのです（総務省「家計調査」2013）。

このデータから試算してみましょう。

65歳から仕事による収入がなくなるとして、老後生活が20年ほど続くと考えると、不足金額の合計は約1289万円ということになります。

少し余裕をみて、65歳時に1500万円ほど貯蓄があれば、なんとか生活していけそうです。

ただし60歳でリタイヤする場合は、65歳の年金支給開始年齢までの5年間の生活費が約1407万円かかりますから、1289万円＋1407万円で2696万円です。少し余裕をみて、60歳時に3000万円程度は目指したいところです。

もちろん、年金額も老後に必要なお金も人それぞれです。

老後は旅行三昧、食道楽で暮らしたいからこれではまったく足りないという人もいれば、田舎で質素に自給自足生活を送りたいからお金はそれほど必要ないという人もいるでしょう。

高級老人ホームに入りたいというなら、ウン千万円の入居金と月々ウン十万円の入居費用がかかります。

病気になったり、介護が必要になったりするというリスクもあります。そもそも自分が何歳まで生きるのかもわからないのです。

肝に銘じておかなければならないのは、これはあくまで現状の試算だということ。みなさんが65歳になる37年後の日本は、どうなっているかわかりません。

インフレが起きて貨幣価値が大きく変わっているかもしれません。

年金などの社会保障制度も変わっているかもしれません。

移民政策で日本の人口が増えている可能性もあります。

いずれにせよ、お金はあればあるほど安心という現実に変わりはありません。

最後に、厚生労働省が少し前に定義したモデル年金を紹介しておきましょう。

夫が会社勤めの厚生年金で妻が専業主婦の場合、年金額は月約23万円、夫・妻とも働いていて厚生年金の場合は月32・8万円となっています。

自営業などで夫、妻とも国民年金の場合は月13・2万円です。

第4章

出産・育児 maternity

子どもがほしいと思うか

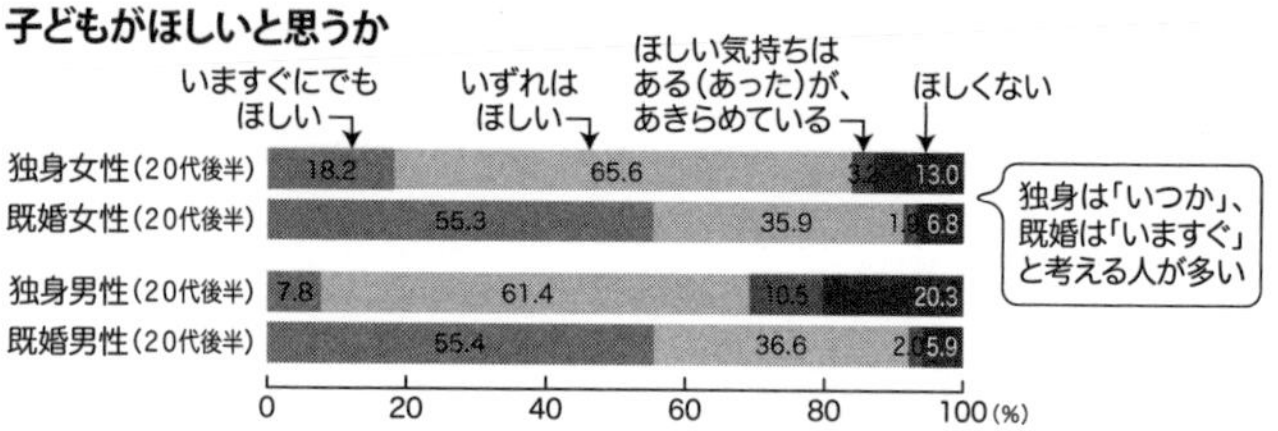

明治安田生活福祉研究所「結婚・出産に関する調査」（2013）

妊娠適齢期はいつ？

女性の人生には、出産というステージが控えています。

みなさんは、いつか自分の子どもを持ちたいと思っていますか？

もちろん、すでに子どもがいるという人もいるでしょうが、しばらくはまだ子どもがいない人を前提にお話します。

20代後半の独身女性の場合、「いますぐにでもほしい」と答えた人が18・2％、「いずれはほしい」と答えた人が65・6％となっています（明治安田生活福祉研究所「結婚・出産に関する調査」2013）。「ほしくない」と答える人も13・0％存在しますが、〝ほしい派〟は合計すると8割以上になります。

20代後半の子どものいない既婚女性は、過半数の55・3％が「いますぐにでもほしい」と考えており、〝ほしい派〟の合計は9割以上です。

同年代男性の場合も同様で、既婚者の9割以上、独身者の7割近くが子どもを持つことを希望しているのです。

では、独身女性にとって「いずれ」とはいつでしょうか？

自分の人生設計上、子どもをもうけるなら遅くとも何歳になるまでに最初の出産を

最初の出産はいつ迎えるべきか

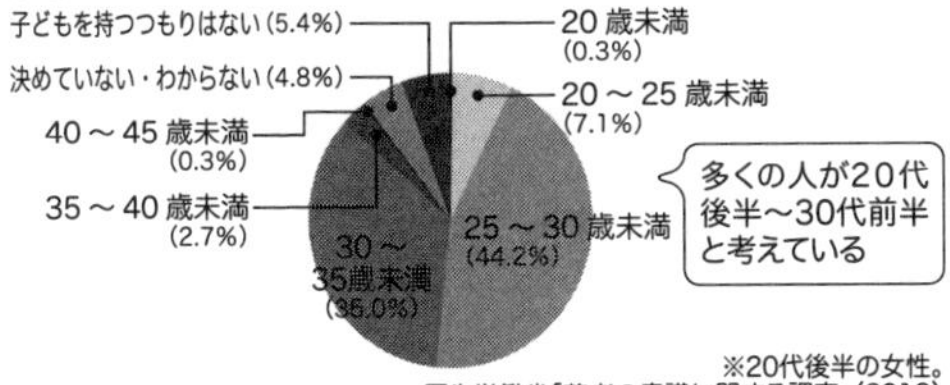

※20代後半の女性。
厚生労働省「若者の意識に関する調査」（2013）

迎えるべきだと思いますか？

この質問への回答で最も多いのは、「25～30歳未満」が39・8％、「30～35歳未満」が29・5％となっています。20代後半の女性の場合、「25～30歳未満」と答えた人が44・2％、「30～35歳未満」と答えた人が35・0％で、全体の7割以上を占めています（厚生労働省「若者の意識に関する調査」2013）。

この結果を見ると、20代後半～30代前半の女性は〝自他とも認める産みどき年齢〟ともいえるのです。

では、現実はどうでしょうか？

初産の平均年齢は年々上がっており、2011にはじめて30歳を超え、30・1歳となりました（厚生労働省「人口動態統計」）。

平均初婚年齢が29・2歳（厚生労働省「人口動態統計」2012）、結婚生活に入ってから第1子出生までの平均期間が2・19年（厚生労働省「出生に関する統計」2010）であることを考えれば、初産の年齢が30歳を超えるのも当然かもしれません。

ちなみにみなさんが生まれた頃、1986年の平均初婚年齢は25・6歳、初産の平均年齢は26・8歳でした。親世代とくらべると、どちらも3年以上先送りになっているのです。

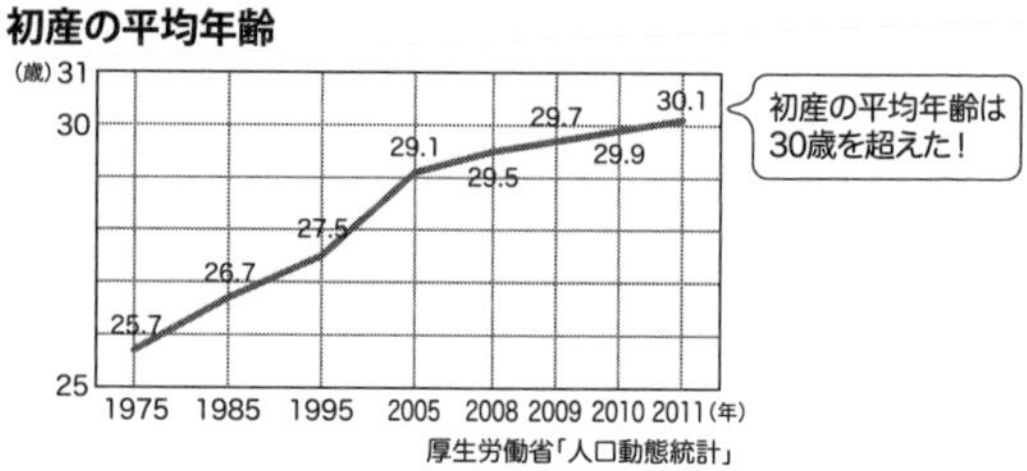

仮に25～34歳までを〝産みどき〟とするなら、残された時間はあと6年間。「あと6年間もある」とのんびりしてはいられません。交際相手と出会い、結婚し、子どもを産むまでには、平均6・45年かかるのです。

もちろん、結婚しなくても子どもを産むことはできます。

出生率が回復したスウェーデンやフランスでは半数以上が婚外子ですが、日本における婚外子率は2・2％と非常に低い数字になっています（厚生労働省「人口動態統計」2012）。国際的に見ても、日本人は結婚制度に対するこだわりが強く、結婚しない女性が子どもを産むというケースは稀なのです。

子どもを持つことの理想と現実

子どもを持つことについて、20代後半の女性は次のように考えています。

「子どもがいると生活が楽しく豊かになる」（22・6％）、「子どもを持つことは自然なことである」（15・8％）、「好きな人の子どもを持ちたいから、子どもを持つ」（14・5％）。これなら少子化も解消されるのではないかと思うようなすばらしい結果ですね。

こういった肯定的な意見が上位を占めるいっぽうで、「経済的な負担が増える」（7・

出生数の年次推移

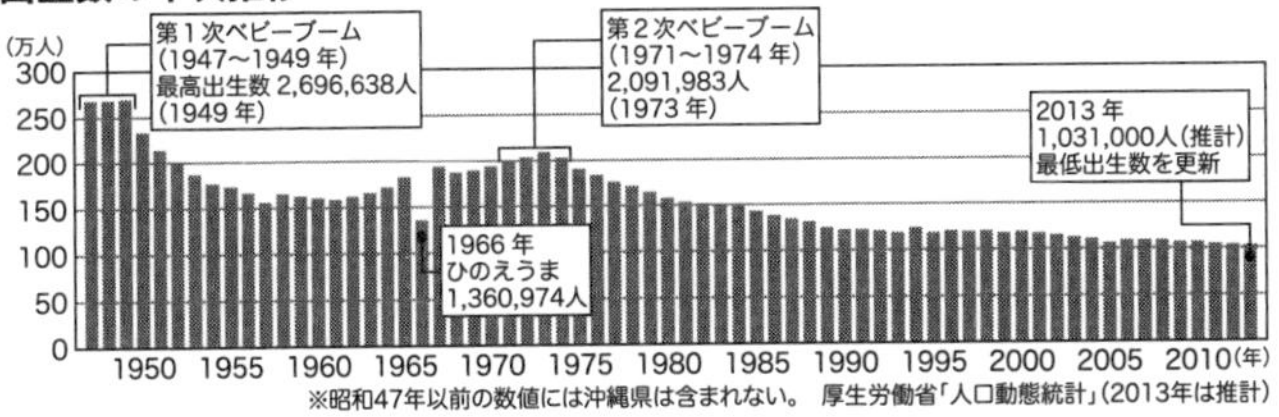

※昭和47年以前の数値には沖縄県は含まれない。 厚生労働省「人口動態統計」(2013年は推計)

8％)、「自分の自由な時間が制約される」(6・0％)、「身体的・精神的な負担が増える」(3・8％)、といったネガティブな意見もあります(厚生労働省「若者の意識に関する調査」2013)。

まだ子どものいない20代の女性にとって、出産は楽しみ半分、不安半分といったものかもしれません。

ごぞんじのとおり、日本では「少子化」が大きな問題になっています。

少子高齢化が進めば、年金などの社会保障のシステムの維持が困難になります。労働力人口の減少、経済規模の縮小なども進み、日本経済に深刻な打撃となるのです。

1949年、第一次ベビーブームの日本では、過去最高である約269万6600もの命が誕生しました。その後出生率は低下しましたが、1973年の第二次ベビーブームで盛り返し、約209万2000人が生を受けました。これらの時代はまさに日本の高度経済成長期でもありました。

しかし以降の出生数は下降の一途をたどり、2013年に生まれたのは103万1000人(厚生労働省「人口動態推計」)でした。40年前の1973年にくらべ、半分以下に落ち込んでいます。

合計特殊出生率(1人の女性が一生に産む子どもの平均数)は、1949年には4・32

人、1973年には2・14人でしたが、2012年には1・41人となっています。

厚生労働省によれば、人口維持のための合計特殊出生率は2・08だそうです。1人の女性が子どもを2人くらい産める社会が理想であるというわけです。

いかがですか？　みなさんは、今後子どもを2人くらい持てそうでしょうか？

18～34歳の独身者の平均希望子ども数は女性が2・12人、男性が2・04人となっています（国立社会保障・人口問題研究所「出生動向基本調査」2010）。希望だけを見れば少子化を防ぐことができそうに思えますが、現実は違います。

同調査によれば、既婚者の理想の子ども数は2・42人、予定の子ども数は2・07人となっています。

複数の子どもを産みたい気持ちはあるけれど、かなわないのが現代日本の現実なのです。妻が30歳未満の夫婦の場合、予定子ども数が理想子ども数を下回る理由として最も多いのは、「子育てや教育にお金がかかりすぎるから」が83・3％でぶっちぎりのトップです。

少なくとも、現在の日本で子どもを持つことについては、理想と現実がかけ離れているといわざるを得ません。

年齢別自然妊娠率、流産発生率、ダウン症発生率

	自然妊娠率	流産の発生率	なんらかの染色体異常の発生率	ダウン症発症率
25歳	25〜30%	10%	1:300	1:1000
30歳	25〜30%	10%	1:300	1:700
35歳	18%	25%	1:134	1:300
40歳	5%	40%	1:40	1:90
45歳	1%	50%	1:11	1:22

メディブリッジ調べ

本当のところ、いつまで産めるの？

晩婚化が進んだ現在、女性には子どもを産む時間がありません。

とくに仕事をしている女性にとって、20代後半から30代前半は、仕事を覚え、忙しく、やりがいが出てくる時期でもあります。そこにぴったりと妊娠適齢期が重なってしまっているのですから。

というわけで、本当のところいつまで産めるのでしょうか？

35歳を過ぎてからの初産は、「高齢出産（高年初産）」とされています。1992年以前は30歳以上でしたが、医療技術の進歩や晩婚化・長命化という社会情勢に合わせ、35歳以上に変更されています。

高齢出産にはどんな可能性があるのでしょうか？

高齢出産によって高まる可能性は、流産・早産、妊娠高血圧症候群（妊娠中毒症）、常位胎盤早期剝離、染色体異常の発生など。もちろんこれらの可能性は若い妊婦にもありますが、高齢になればなるほど高くなるということなのです。

また、高齢で初産の場合、産道や子宮口が硬く、難産になりやすいといわれています。産後の回復を含め、妊婦の体にも大きな負担がかかりやすくなるのです。

高齢出産のさまざまな可能性を考えれば、初産のボーダーラインはやはり35歳といえるでしょう。

ただし、35歳の誕生日からいきなり可能性が高くなるわけではありません。体質や健康状態、生活習慣など、人によっても違いがあるでしょう。一般的には30歳くらいから徐々に可能性が上がっていき、35歳を境に高齢出産と呼ばれ、とくに懸念されるようになるということなのです。

子どものいない働く女性に対するアンケートによれば、「何歳までなら産めると思うか?」という問いに対し、20代の女性は平均36・9歳、30代の女性は平均39・9歳と答えています(日経ウーマンオンライン調べ、2011)。「何歳までに産みたいか」という問いには、20代女性は平均30・9歳、30代女性は平均37・7歳と答えています。出産を望んでいるにもかかわらず、年齢を経るほど先延ばしにしている人が多いのが現実なのです。

結婚はいくつになってもできます。自分がその気になれば、かつ相手の同意があれば、50歳でも60歳でもできるのです。

しかし妊娠・出産はそうはいきません。明らかなリミットがあります。

25歳~30代前半の自然妊娠の確率は25~30%。これが30代後半になると、18%に下

いつまでに産む？　いつまで産める？

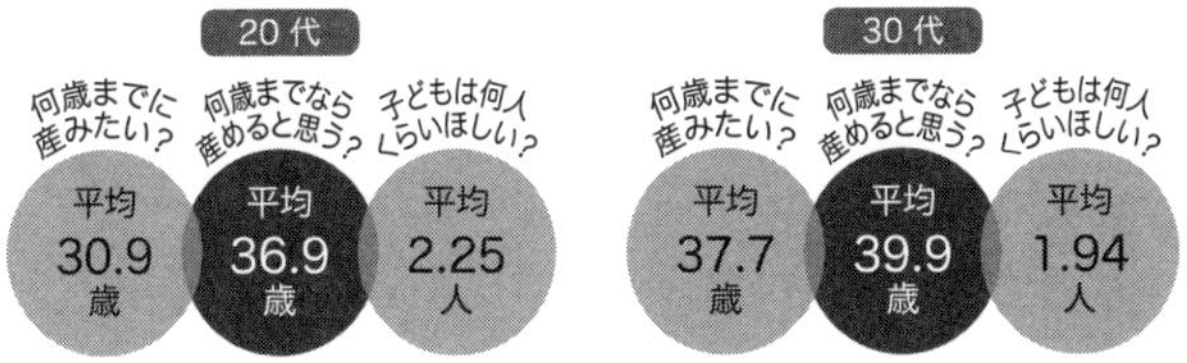

日経ウーマンオンライン調べ（2011）

がります。40代前半では5％、40代後半では1％といわれています。ちなみに、自然妊娠の確率とは1周期の排卵のタイミングで性交したときに妊娠する確率です。

このように、年を重ねるごとに高齢出産のリスクが高まるだけでなく、妊娠できる確率は低くなります。

初産の高齢化が進むいま、30代後半で第1子を出産する人も少なくありません。それどころか、40代での初産を迎える人も増えています。40代の芸能人が出産というおめでたいニュースも珍しくありません。

とはいえ、誰でも40代で子どもが産めるわけではありません。

体は健康であっても、年を重ねるごとに卵子が老化し、生殖機能が衰え、妊娠しにくい状態になってしまうのです。

現代の30代、40代は、ひと昔前にくらべて見た目も気持ちも驚くほど若々しいですよね。しかしいくら見た目が若くても、体の老化は間違いなくはじまっています。

28歳の女性が肝に銘じておかなければならないのは、多少の個人差はあるとはいえ、妊娠・出産には年齢的なリミットがあること。将来子どもを持つことを希望しているのなら、そろそろ妊娠・出産を考慮に入れた人生設計をはじめなければならないということです。

▼▼ 不妊に悩む人が増えている！

「いまの彼と2年以内に結婚して、3年後に子どもを産みたい！」

「年度末は仕事が忙しいから、産前産後がその時期にかからないようにしたい」

そんなふうに考えている人も多いでしょう。

しかし、誰もが自分の決めた計画通りに妊娠できるわけではありません。

先の「出生動向基本調査」（２０１０）によれば、医療機関で不妊の検査や治療を受けたことがあるという夫婦は全体の16・4％。約6組に1組が、検査や治療の経験があるのです（全年齢の平均）。

子どものいない夫婦にかぎれば、「不妊の心配をしたことがある」という割合は過半数の52・2％にものぼります。医療機関で検査や治療を受けたことがあるという夫婦は28・6％。約3・5組に1組という割合になります。

実際に、「現在不妊治療を受けている」という夫婦は、20代（妻の年齢）で7・2％、30代で10・9％となっています。

これらは思ったよりも高い確率だと思いませんか？

ちなみに、日本における不妊の定義は「避妊をせずに定期的な性交渉をしているに

不妊についての心配と治療経験

(%)

子どもの有無	妻の年齢	(不妊を)心配したことはない	心配したことがある	現在心配している	医療機関にかかったことはない	検査や治療を受けたことがある	現在受けている	不詳	不詳
総数	20～29歳	65.3	28.1	10.6	17.8	10.1	2.6	0.2	6.6
	30～39歳	56.7	36.5	8.2	18.3	17.8	2.3	0.3	6.9
	40～49歳	60.7	26.8	1.9	10.4	16.3	0.5	0.1	12.5
子どものいない夫婦	20～29歳	50.0	44.3	24.7	27.3	17.0	7.2	0.0	5.7
	30～39歳	41.2	52.5	34.3	25.8	26.0	10.9	0.7	6.3
	40～49歳	32.2	57.8	15.1	15.9	41.9	5.0	0.0	10.1

※対象は初婚同士の夫婦。
国立社会保障・人口問題研究所「出生動向基本調査」(2010)

もかかわらず、1年以上にわたって妊娠しない場合(WHOでは2年間)」とされており、当てはまる場合は検査・治療を開始すべきだといわれています。

不妊の原因には女性側と男性側両方があります。

女性側の理由としては、卵管障害・排卵障害・子宮内膜症・子宮筋腫など、男性側の理由としてはED・精管通過障害・精子の異常などが考えられます。もちろん、はっきりした理由もなく不妊に悩んでいる人も少なくありません。

不妊症の治療は保険適用外の部分が多く、検査や治療は、基本的には自己負担です。たとえば保険適用の排卵誘発剤やタイミング法は約5000～1万円程度ですが、保険適用外の人工授精になると約1～3万円、体外受精が約30万円、顕微受精が約50万円です。しかもこれらはすべて1回の費用です。

治療をはじめてすぐに妊娠できればよいですが、不妊治療の場合、成功率は決して高いとはいえません。

たとえば体外受精でも一度で妊娠するケースはまれで、多くの場合は複数回チャレンジを重ねます。そうなれば、費用は数百万円に及ぶこともあります。

このように、不妊治療は多額の費用と長い時間がかかってしまう場合が多いのです。

ただし、「お金がないから不妊治療は無理」とあきらめることはありません。

厚生労働省による特定治療支援事業によって、不妊治療には助成金が交付されます。たとえば東京都の場合、1回あたり最大20万円の補助金が受けられます（2014年4月現在）。

いずれにせよ、不妊治療は女性にとっても男性にとっても、精神的、肉体的につらく、多くの苦痛をともないます。うまくいかなかったときの落ち込みも相当なもの。あせりや不安から、精神的に不安定になってしまう人も少なくありません。「本当に妊娠できるのか？」という、先の見えない不安とストレスに押しつぶされそうになっている人がたくさんいるのが現状なのです。

「いつでも産める」と考えている人も、将来不妊に悩む可能性は十分あるのです。

妊娠したらどうする？

ほしいのになかなかできない人もいれば、その気はなかったのにできてしまったという人もいるように、性交すれば妊娠の可能性があります。

「妊娠したかな？」と思ったら、まずは市販の妊娠検査キットを使いましょう。陽性反応が出たら、早めに医療機関を受診します。

結婚していないあなたは、急いで籍だけでも入れよう！　となるかもしれません。いわゆるできちゃった婚あらため授かり婚の割合は25・3％（厚生労働省「出生に関する統計」２０１０）。４人に１人が結婚より妊娠が先なのです。

妊娠期はおおまかに、初期・中期・後期の３つに分けることができます。

・妊娠初期：１ヵ月～４ヵ月（0～15週）

つわりがつらい時期。トイレが近くなる、眠気を感じる、乳房の張りや痛みを感じる、精神的に不安定になるなどの症状がある。流産しやすい時期なので注意が必要。

・妊娠中期：５ヵ月～７ヵ月（16～27週）

お腹が目立ちはじめ、胎動を感じられるようになる。貧血予防や体重のコントロールが必要な時期。安定期に入るが、無理をしないよう生活する。

・妊娠後期：８ヵ月～10ヵ月（28～39週）

お腹がさらに大きくなる。むくみが出たり、便秘になりやすくなる。妊娠高血圧症候群（妊娠中毒症）が起こりやすいので注意が必要。

仕事している人は産前休業（42日）に入る。里帰り出産は１ヵ月前くらいが目安。出産が近づいたら、入院に必要なものを準備しておく。

以上のような時期を経て、妊娠から出産へ至ります。

妊娠中は普段にもまして規則正しい生活や栄養バランスのよい食事を心がけることが大切です。

ところで、出産は「鼻の穴からスイカを出すくらいの痛み」などとたとえられますが、いったいどういうものなのでしょうか？

出産時に「リラックスできた」「幸せな気持ちがした」「直後にすぐまた産みたいと思った」などと答えた人は、いずれも半分以下でした（ベネッセ「妊娠出産子育て基本調査」２０１１）。

安産の人も難産の人もいるでしょうが、多くの人は、産みの苦しみに耐えて愛しい我が子と出会うようです。

▼出産にさほどお金はかからない

出産を考えるにあたって、気になるのはやはり費用ではないでしょうか？

出産にかかる費用は、一般的に50～60万円程度くらいといわれています。

その内訳は、検診費用が延べ10万円程度、分娩費用（入院費を含む）が40～60万円くらいです。なかには高級ホテル並みのサービスが受けられる医院もありますが、その場合は100万円くらい必要かもしれません。

その他、マタニティ用品、出産準備品が10～20万円程度必要ですから、60～80万円くらいは準備しておきたいところです。

「そんなにお金がかかるなら産めない！」という人、大丈夫です。

出産にはいくつかの公的給付制度がありますから、実際にはそれほどお金はかかりません。

まず抑えておきたいのが、頼もしい「出産育児一時金」です。

子ども1人の出産につき、何と42万円が健康保険から支給されます（産科医療補償制度に加入していない医療機関で産む場合は39万円）。これだけで、出産費用の大半はまかなえてしまいますね。

ちなみに「子ども1人につき」という制度ですから、双子なら84万円、3つ子なら126万円もらえます。妊娠4ヵ月（85日）以降の分娩であれば、早産や流産などの場合も適用されます。自治体によっては加算がつく場合もあるので、しっかり確認しておきましょう。

そして、会社に勤めている人には「出産手当金」があります。

産休中（産前42日・産後56日）の生活を支えるために受けられる手当で、こちらも健康保険から支給されます。勤務先の健康保険に1年以上加入していれば、契約社員やパート、アルバイトでももらえます。

産休中（合計98日分）の給料の60％が支給されますから、「（月収÷30日）×98日×0・6」という計算式になります。たとえば月給24万円の場合は「（24万÷30日）×98日×0・6」で、47万4００円です。これで産休中の生活も何とかなりそうですね。残念ながら国民健康保険の場合は対象外ですので、自営業やフリーランスの人は涙をのんでください。

また、基本的に出産には保険がききませんが、帝王切開での出産は健康保険が適用されるため、高額療養費の給付対象になります。さらに年間10万円以上だと一部戻ってくる高額医療費控除も適用されます。

ちなみに、分娩のうち帝王切開の割合は19・2％にものぼり、帝王切開で出産する人の割合は20年前とくらべ倍増しています（厚生労働省「医療施設（静態・動態）調査・病院報告の概況」２０１１）。

このように、出産にあたって費用をさほど心配することはありません。一般的には10～20万円程度の持ち出しですんでしまう人が多いようです。

「案ずるより産むが易し」の言葉どおり、産むだけならお金はかからないのです。

産むは易《やす》し、育てるは難《かた》し？

さて、本当に大変なのは、産んでからかもしれません。

出産したその日から、親となり、ひとりの人間を成人になるまで育てていかなければならない責務を負うことになるのです。

とくに乳幼児期の育児は体力勝負です。

生後6ヵ月くらいまでは2〜3時間ごとの授乳やオムツ替えが必要です。これは昼夜関係ありません。夜泣きをする子も多く、お母さんはいつも寝不足状態。とくに出産直後はまだ体調も万全でなく、精神的にも肉体的にも疲れきってしまう時期です。

そのうちつかまり立ちやハイハイをするようになり、やがて歩けるようになります。意志の疎通もできるようになり、我が子の成長がうれしい時期ですが、まだまだ片時も目が離せません。また、なかなか寝てくれない子どもの場合、毎晩寝かしつけに1〜2時間かかることもあります。

2歳前後になると、「魔の2歳児」「イヤイヤ期」などと呼ばれ、はじめての反抗期を迎えます。「あれはイヤ」「これはイヤ」などと拒絶の自己主張をはじめる我が子に、ストレスMAXになってしまうお母さんも多いのです。

30代までの若年層に聞いた調査では、子育てで大変な時期について、「乳児（およそ出生～1歳未満）」という回答が28・1％、「幼児（およそ1歳～小学校就学まで）」という回答が32・8％となっています。乳児期と幼児期で6割以上の回答を占めています（厚生労働省「若者の意識に関する調査」２０１３）。

子どもの誕生や子育てにおけるプラス面を聞いた調査では、上位から「子どもの成長が楽しい」（73・6％）、「子どもの笑顔に助けられている」（64・5％）、「家族としての絆が芽生えた」（59・9％）など。悪い面は「経済的に苦しくなった」（55・2％）、「自分の自由な時間が持てなくなった」（52・2％）、「睡眠時間が少なくなった」（42・5％）などとなっています（日本労働組合総連合会「子ども・子育てに関する調査」２０１３）。

0～2歳の子を持つ女性に聞いた調査では、0歳の頃よりも、1歳、2歳と子どもの年齢が上がるにつれてストレスを感じることが増えています（ベネッセ「妊娠出産子育て基本調査」２０１１）。

また、子どもというのは千差万別です。おとなしくて育てやすい子もいれば、やんちゃで手のかかる子もいます。我が子が手のかかるタイプであれば、育児にかかる手間や体力は倍増してしまうのです。

なかなか計画どおりにいかないのは、妊娠も育児も同様です。

ワーキングマザーはつらいよ！

結婚や出産によって、現在の仕事を辞めたり、仕事を変えたりする人は少なくありません。

結婚後も仕事を続けるという女性は61・0％、結婚を機に仕事を辞めるという女性は25・6％です（国立社会保障・人口問題研究所「出生動向基本調査」２０１０）。

結婚しても6割以上の女性が仕事を続けますが、出産後は仕事を辞める人が増加します。出産を機に仕事を辞める人は43・9％、出産後も仕事を続けるという人は26・8％です。

結婚や出産によってキャリアを中断すれば、再度働くときはパートや契約社員といった非正規になる可能性が増えます。

また、近年は「マタハラ（マタニティ・ハラスメント）」という言葉をよく耳にします。

これは妊娠・出産した女性が解雇・雇い止めをされたり、職場でいやがらせやいじめ

M字カーブ(女性の就業率)の変化

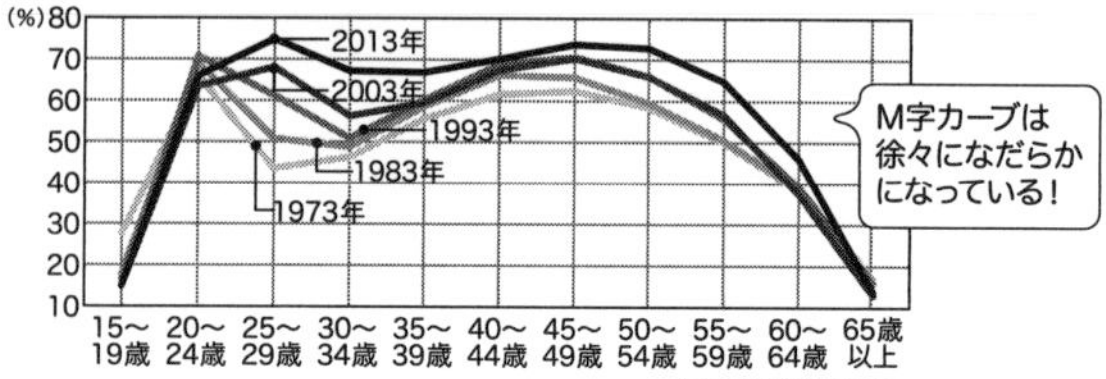

総務省「労働力調査」

を受けたりすること。

日本労働組合総連合会の調査によれば、妊娠経験者のうち、職場でなんらかのマタハラ経験があるという人は25・6％（「マタニティ・ハラスメントに関する意識調査」2013）。4人に1人が、職場でマタハラを受けているのです。同機関が2012年に行った「セクハラ経験者」（17・0％）を大きく上回っています。

マタハラの内容は、「妊娠中や産休明けなどに、心ない言葉をいわれた」「妊娠・出産がきっかけで、解雇や契約打切り、自主退職への誘導等をされた」「妊娠を相談できる職場文化がなかった」など。

働く女性の妊娠・出産については、まだまだ逆風が吹いているのです。

そんななかでも、働きながら子どもを育てるワーキングマザーは増加しています。もともと女性の労働力率は、結婚・出産期にあたる時期にいったん低下し、育児が落ち着いた時期に再び上昇するという「Ｍ字カーブ」を描いてきました。近年ではこのＭ字カーブの谷が浅くなっています。つまり、結婚・出産を経ても働き続ける人が増えているのです。

▼ワーママ生活は時短がカギ！

とはいえ、ワーキングマザーの苦労は並大抵ではありません。

仕事や家事に加え、毎日の子どもの世話や送り迎え、保育所の延長保育にも限度がありますから、残業もままなりません。そのうえ乳幼児は体調を崩しがちですから、子どもの体調が悪くなったりすれば、保育所から呼び出しがかかってしまいます。毎日ヒヤヒヤしながら働いているというお母さんもたくさんいるのです。

サンケイリビングの調査（２０１３）によれば、ワーキングマザーで「自分の時間が足りない」と感じている人は92・0％、とくに手のかかる未就学児を持つ人は96・4％で、子どもが小さいほど忙しいという傾向があるようです。

家事、育児、仕事と、毎日フル回転で働くワーキングマザーですが、家事に工夫をして〝時短（時間短縮）〟をしています。同調査によれば、食事に「合わせ調味料」「半調理品」「スーパーの惣菜」を利用して時短をしている人は過半数。また、時短のために家電なども利用します。すでに持っている家電は上位から「食洗機」「圧力鍋」「洗濯乾燥機」「電気ケトル」など。今後ほしいもののナンバーワンは「お掃除ロボット」だそうです。

就業状況別母親の子育て意識

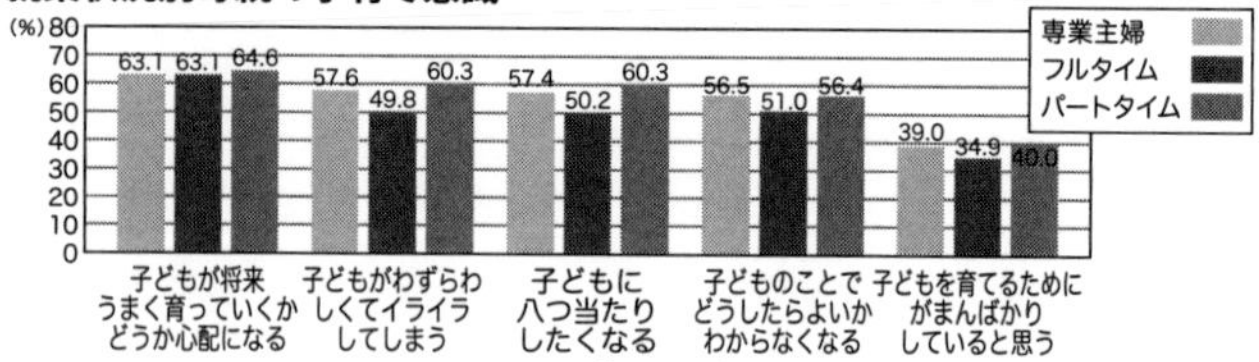

※「よくある」「ときどきある」と答えた人の合計。
ベネッセ「幼児の生活アンケート」(2010)

「小さな子どもを預けて働くなんて！　子どもがかわいそう」という少々古い考え方もありますが、悪いことばかりではありません。

未就学児の母親に聞いたアンケートでは、専業主婦よりもフルタイムで働いている人のほうが、「子どもがわずらわしくてイライラしてしまう」「子どもに八つ当たりしたくなる」という割合が低いのです（ベネッセ「幼児の生活アンケート」２０１０）。

かわいい我が子でも、四六時中一緒にいればストレスがたまってしまうこともあるようです。

▼子どもはどこに預けたらいい？

就学前の子どもは、保育所や幼稚園などの保育施設に預ける人がほとんどです。

0～2歳で保育施設に預ける人は、専業主婦では44・4％ですが、派遣社員・パートなどの場合は73・2％、正社員や公務員などの場合は81・9％にのぼっています。ちなみに母親が専業主婦でも1歳頃からプレ保育、プレ幼稚園と呼ばれるクラス（入園前のお試し保育）に通わせるケースが増えています。

3～6歳になると、9割以上の人が幼稚園や保育所に預けるようになります。しか

幼稚園と保育所の違い

幼稚園		保育所
文部科学省	所管	厚生労働省
学校教育法	法律	児童福祉法
満３歳から	対象	０歳から
４時間（標準）	時間	８時間（原則）
幼稚園教諭	資格	保育士

し、保育施設は利用せず、自宅で育てたという人も8・4％存在します（明治安田生活福祉研究所「結婚・出産に関する調査」2013）。

働きながら子育てをする場合、同居の親など子どもを預けられる人がいないかぎり、子どもを保育施設に預けなければ仕事復帰ができません。

育児休業を延長しようという政府の指針もありますが、現在の法律では、育児休業は子が1歳になるまで（最大で1歳半まで）となっています。

ただし、育児休業については会社の制度や方針による部分もあります。育児休業の規定があっても、「これまで育児休業を取得した人がいない」という事業所は59・4％にものぼります（厚生労働省「雇用均等基本調査」2012）。育児休業が十分にとれない事情がある場合は、0歳から保育施設に預けなければなりません。

子どもを保育施設に預けるにあたり、問題になるのは受け入れ先と保育料です。

子どもの保育施設は、主に幼稚園と保育所に分かれます。

幼稚園と保育所の最も大きな違いは、保育時間と対象年齢。

幼稚園の保育時間は9時から14時までなど4～5時間が基本ですが、保育所は8時半から17時半までなど8～9時間が基本です。対象年齢は保育所が乳児から就学前まで、幼稚園が3歳から就学前までです。

つまり、専業主婦なら幼稚園でも大丈夫ですが、働くお母さんは保育所を探さねばならないのです。

▼認可保育所は争奪戦!?

幼稚園は公立と私立に分かれ、一般的に私立のほうが高額です。

公立幼稚園の場合は自治体によって費用が決められます。たとえば東京都の場合、江戸川区では入園手数料1000円、月額3000円と非常に低く設定されています。いっぽう板橋区では入園手数料3200円、月額10200円と江戸川区の約3倍。23区内でも大きな差があります（2014年4月現在）。

保育所は、認可保育所と認可外保育所に分かれます。

読んで字のごとく、認可保育所は国の認可を受けており、認可外保育所は受けていないという違いがあります。

認可保育所は、施設の広さや子ども1人あたりの保育士の数などが決められています。そういった点では、認可保育所のほうが安心・安全である可能性が高いといえるでしょう。

認可保育所の基準

面積基準	0歳児・1歳児　3.3㎡ 2歳児以上　1.98㎡
保育士の数	1、2歳児……6人に対して1人 3歳児……20人に対して1人 4歳児……30人に対して1人
開所時間	11時間以上
保育料	保護者の所得による

いっぽう認可外保育所はある程度自由ですから、質も価格もさまざまという側面があります。もちろん認可外でもクオリティの高い保育所はたくさんあります。ただ、一般的に保育料は認可保育所よりも高額です。ちなみに、「認定保育所」「認証保育所」などは、一定の基準はありますが、認可外保育所の一部です。

認可保育所の場合、保育料は国の基準に基づいて自治体ごとに決められています。金額は世帯収入によって細かく決められるため、収入が多い世帯ほど高く、収入が低いほど安くなるしくみになっています。

たとえば東京都世田谷区の場合。夫の税込み年収が400万円、妻の税込み年収が300万円、8時30分から17時30分まで預けるなら、保育料の目安は月額2万4500～4万7500円となります（保育料は子どもの年齢で変わり、幼いほうが高額）。

認可外保育所の保育料は、世帯の収入に関係なく一律です。世帯収入が高い場合は、認可外のほうが安くなるという逆転現象も起こり得るかもしれません。

スムーズに認可保育所に入れればいいのですが、人口が集中している都市部ではなかなかそうはいきません。

いわゆる待機児童問題です。

厚生労働省によれば、2013年10月の「待機児童」は4万4118人でした。

認可保育所の場合は自治体に申し込み、選考を経て入所内定となります。認可保育所入所条件を満たしていて、毎年入所申請をしているにもかかわらず、定員オーバーなどの理由で保育所に入所できない子どもたちがたくさんいるのです。

保育所が探せないまま育児休業の延長期間が過ぎてしまい、仕事に復帰できず、辞めざるを得ない人もたくさんいます。または、仕事を続けるために高額な保育料を支払いながら、認可外保育所に子どもを預けている人もたくさんいるのです。

とくに都市部ではハードルが高い認可保育所。申請しても入所できないケースがあることを心得ておきましょう。

とはいえ、やはり大切な我が子を預けるのですから、いずれの場合も事前の見学や相談を忘れずに、十分吟味して選びましょう。

▼パートナーの協力が不可欠

子どもを育てていくには、パートナーである夫の協力が不可欠です。

とはいえ、「育児休暇を取得したい」と考える女性が9割近くいるのに対し、男性は6割程度です（ライフネット生命「育児休業に関する意識調査」2013）。

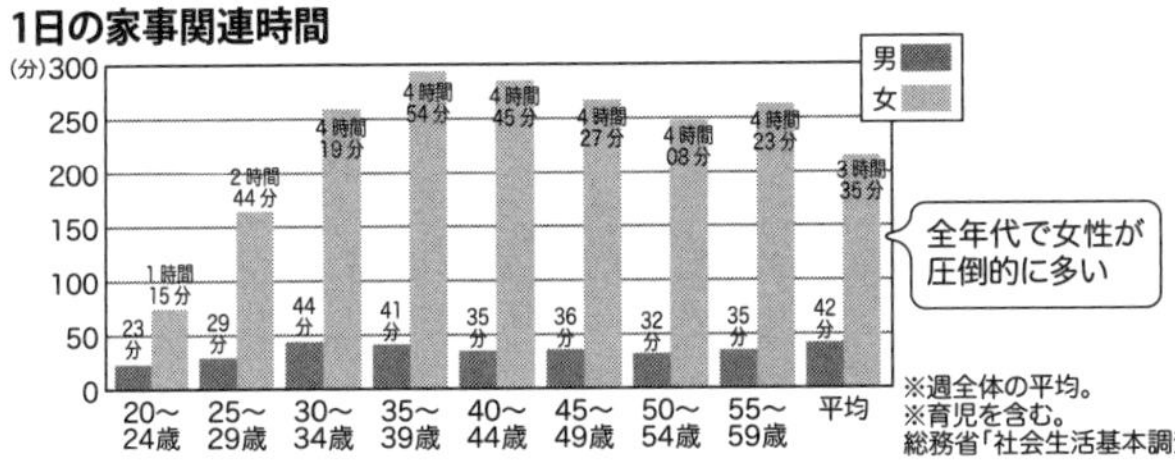

※週全体の平均。
※育児を含む。
総務省「社会生活基本調査」(2011)

これはまだまだ日本社会に原因があるようで、勤務先において「女性が育児休業を取得できる雰囲気がある」と答えた人が73・7%であるのに対し、「男性が育児休業を取得できる雰囲気がある」と答えた人は23・6%にとどまっています。男性が育児休暇をとることについては、まだまだ抵抗のある組織が多いようです。

また、「女性の同僚が育児休暇をとることについて不快に思う」という人は8・7%と低いものの、同僚男性の場合は20・1%と、5人に1人は不快に感じるという結果があります。育児は女性の役割というのが世間の反応なのです。

女性には、家事の負担ものしかかってきます。

1週間に家事や育児等に費やす平均時間は、男性は42分、女性は3時間35分と、男女の間に依然として大きな差が見られます。20代後半の場合、男性は29分、女性は2時間44分となっています（総務省「社会生活基本調査」2011）。

「でも結婚していたり共働きだったりすれば、男性ももっと家事や育児をしてくれるはず！」と思っているあなた。甘いです。

家事関連時間を独身か既婚かで見てみると、独身男性は27分、既婚男性は47分と20分ほど増えているものの、未婚女性の1時間6分にくらべ、既婚女性は5時間2分と4時間近く増えています。

1日の家事関連時間（共働き世帯・専業主婦世帯）

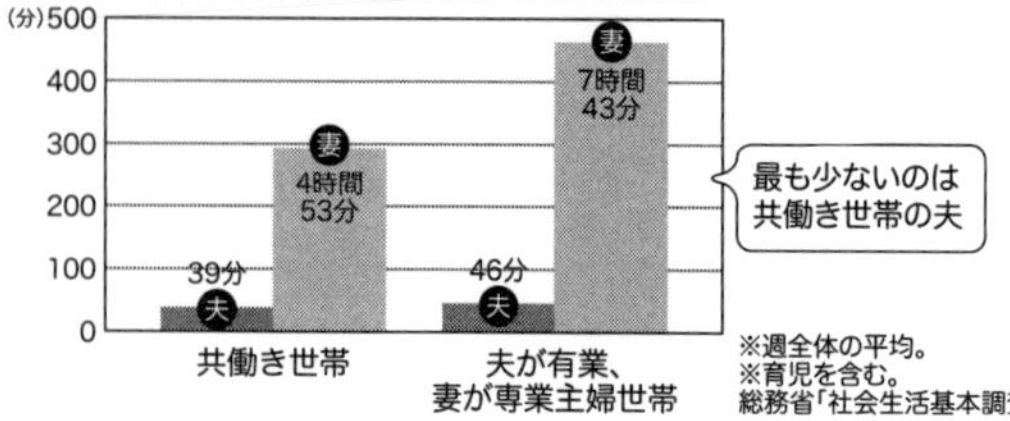

※週全体の平均。
※育児を含む。
総務省「社会生活基本調査」（2011）

さらに細かく見てみましょう。

妻が専業主婦で夫のみが働いている場合は、夫46分、妻7時間43分です。妻が専業主婦なら、家事や育児を妻メインで行うのは納得できます。

しかし共働きの場合でもあっても、家事関連時間は夫39分、妻4時間53分です。その差は何と7倍以上なのです。

育児のみにかぎってみても、子育て世代である30代前半の女性は1時間32分であるのにくらべ、男性は16分となっています。

以前とくらべれば男女の差は徐々に縮まっているものの、家事や育児はまだまだ女性の仕事という実情があります。

「家事・育児等は働くことにあたるか」という問いに対し、YESと答えた人は男性が51・4％、女性は63・0％です。やはり当事者である女性のほうが、「家事・育児」が仕事に値するほど大変なことだととらえているのです（労働政策研究・研修機構「勤労生活に関する調査」２０１１）。

これは「親の介護」も同様で、「介護が働くことにあたる」と考える人は男性39・4％、女性44・4％となっています

とはいえ、子育ての相談相手として、94・5％の女性が「配偶者」をあげています。

夫が行う家事ランキング

	平日		休日
1位	ゴミを出す(61.2%)	1位	風呂の掃除(56.8%)
2位	風呂の掃除(43.9%)	2位	夕食の後片付け(食器等を下げる)(45.4%)
3位	ゴミをまとめる(42.2%)	3位	洗濯物を干す(44.7%)
4位	夕食の後片付け(食器等を下げる)(41.7%)	4位	洗濯物をとりこむ(41.7%)
5位	洗濯物を干す(38.3%)	5位	夕食の後片付け(食器を洗う)(40.0%)
6位	夕食の後片付け(食器を洗う)(37.6%)	6位	洗濯機をまわす(38.3%)
7位	洗濯機をまわす(36.2%)	6位	朝食の後片付け(食器等を下げる)(38.3%)

※共働き世帯、妻がフルタイムの場合。
住環境研究所「共働き家族の暮らしと意識に関する調査」(2014)

やはり困ったことがあれば、まずは夫に相談するのです。次いで、「自分の親」(88・3%)、「自分の知人・友人」(82・4%)となっています。ちなみに、いわゆる舅、姑にあたる「配偶者の親」を相談相手にあげる人は、半数以下の46・8%でした(ベネッセ「妊娠出産子育て基本調査」2011)。

物理的にも精神的にも、子育てにはパートナーの協力が不可欠といえるでしょう。「いいパパになりそう」「料理が好きそう」「家事が得意そう」な男性は、近い将来あなたの負担をやわらげてくれる可能性が高い、かもしれません。

▼子どもはなぜお金がかかるのか?

子どもはお金がかかるもの。これは現代の常識です。

ただし、子どもが小さいうちは、それほどお金はかかりません(手間はかかりますが)。子ども服はブランドを問わなければ安いものがたくさんあり、おさがりを利用するという手もあります。家計を圧迫するほど食費がかかることもありません。

医療費なども助成がある自治体がほとんど。そのほかにも、自治体によってさまざまな支援制度があります。

東京23区内の例を紹介すると、江戸川区では0歳児を育てていると月に1万3000円もらえます（所得制限あり）。練馬区では第3子以降の子どもの誕生に際し1人につき20万円が支給されます。中央区では妊娠するとタクシー利用券（1万円分）、出産すると区内共通買物券（3万円分）がもらえます（いずれも2014年4月現在）。支援制度は自治体によって違いがあるので、忘れずに確認・申請しましょう。

子どもにかかるお金で大きいのは、やはり教育費です。

28歳の女性で小学生以上の子どもがいる人は少数派でしょうが、将来のことなので考えておきましょう。

子どもをひとり育てるのにウン千万円かかるなどとよくいわれますが、「どんな教育を受けさせるか」によって金額はかなり変わってきます。

つまり、幼稚園、小学校、中学校、高校と、選択する学校が私立か公立かによって、または塾や家庭教師をどうするかによって、かかる費用が大きく変わってくるのです。とくに差が大きいのは小学校、中学校です。

たとえば公立小学校に通う子どもの年間の学習費総額（学校教育費、学校給食費、塾や習いごとなどの学校外活動費の合計）は平均約30万円ですが、私立小学校になると約142万円になります。公立中学校の学習費総額は約45万円ですが、私立は約130

子どもの学習費

	幼稚園	小学校	中学校	高等学校
公立	65万9,363円	182万9,736円	135万1,309円	115万8,863円
公立	146万1,564円	853万8,499円	388万7,526円	288万6,198円

すべて公立（公→公→公→公）	499万9,271円
幼稚園だけ私立（私→公→公→公）	580万1,472円
高等学校だけ私立（公→公→公→私）	672万6,606円
幼稚園と高等学校が私立（私→公→公→私）	752万8,807円
小学校だけ公立（私→公→私→私）	1,006万5,024円
すべて私立（私→私→私→私）	1,677万3,787円

文部科学省「子どもの学習費調査」(2012)

万円です（文部科学省「子どもの学習費調査」２０１２）。

学習費総額の差は、幼稚園で私立が公立の２・１倍、小学校で４・７倍、中学校で２・９倍、高等学校で２・５倍です。

たとえば幼稚園から高校まですべて公立を選択すると、学習費の総額は４９９万９２７１円ですが、すべて私立を選択すると１６７７万３７８７円かかります。大学などに進学する場合は、さらに学費が上乗せされます。

これでは教育格差が生まれないはずはない……かもしれません。

両親の年収や学歴が学力格差を生み出すというデータもあるなか、我が子には高い教育を受けさせてあげたいもの。

子どもを持つことは幸福なことですが、教育にはやはり、大きなお金がかかるものなのです。

ちなみに、子どもひとりを養育するのに必要と思う世帯月収（手取り月収）を聞いた調査では、30万円～40万円未満が最も高くなっています（厚生労働省「若者の意識に関する調査」２０１３）。

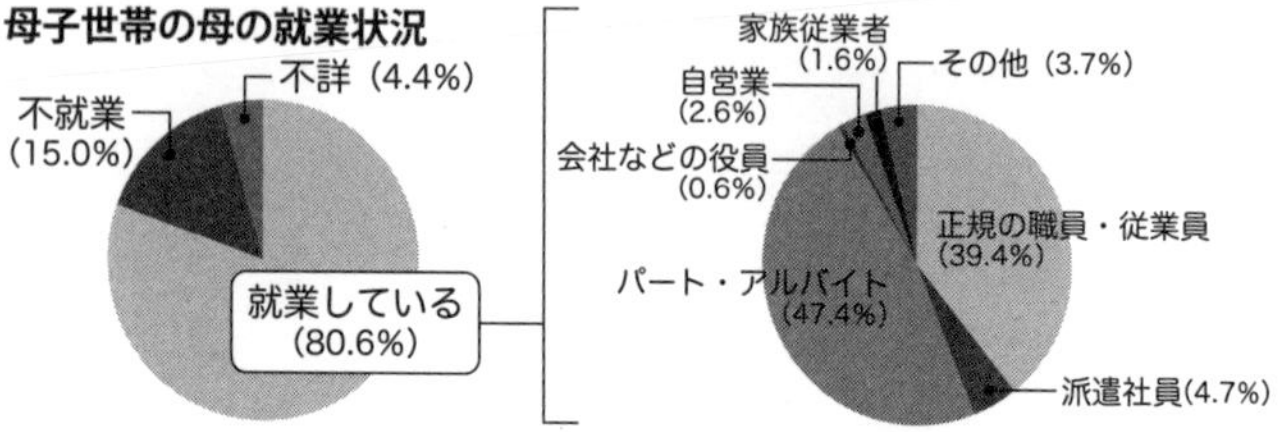

厚生労働省「全国母子世帯等調査」（2011）

▼▼ シングルマザーのリアル

望むと望まざるとにかかわらず、誰もがシングルマザーになる可能性があります。シングルマザーの数は約108万2000人と、100万人を超えています。うち母子のみで暮らしているのは約75万6000人です（総務省「国勢調査」2010）。シングルマザーになった理由は、離別が80・6%、死別が7・2%、未婚が12・2%。8割以上の人が離婚によってシングルマザーになっています。

シングルマザーが多い年代は35～44歳で、全体の52・8%を占めています。離婚する人が多いのが30代であることから、自ずとこのあたりの年代が多くなるのです。

シングルマザーが受けられる主な手当ては、児童手当（3歳未満は1万5000円、3歳以上は1万円）、児童扶養手当（児童1人の場合4万1020円：所得制限あり、全額支給の場合）など（2014年5月現在）。そのほかにも自治体によってさまざまな減免制度や助成金があります。

多少の手当てはあるものの、それだけで暮らしていけるわけではありません。

厚生労働省の「全国母子世帯等調査」（2011）によれば、シングルマザーの就業率は80・6%。シングルマザーのほとんどがワーキングマザーでもあるのです。

母子世帯の母の就労収入

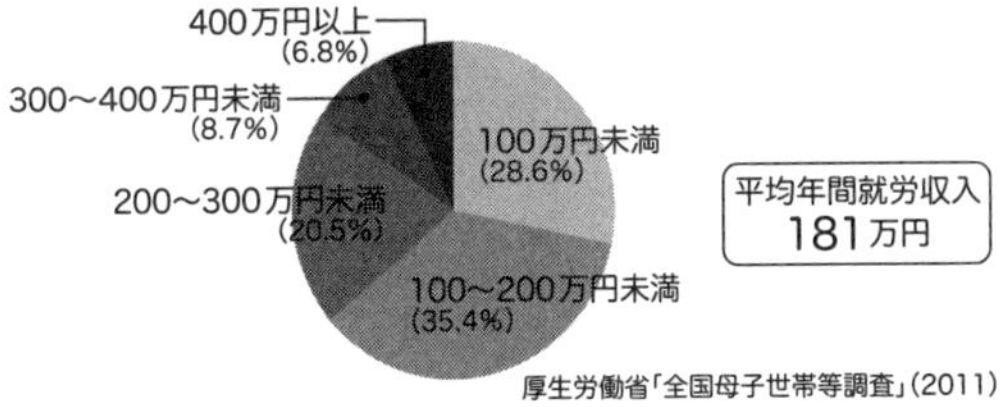

厚生労働省「全国母子世帯等調査」(2011)

ただし、働くシングルマザーのうち、正規雇用の割合は39・4%。パート・アルバイトや契約社員といった非正規雇用が、過半数を占めています。

シングルマザーの貧困も問題になっています。

シングルマザーは子どもの病気などで休みや早退を余儀なくされ、独身時代のように残業もできません。そのため安定した仕事に就きにくくなり、収入が低くなりがちです。自分が大黒柱となって子どもを育てていかなければならないのに、子どもの存在が足かせになってしまうというジレンマにおちいってしまうのです。

母子世帯の場合、母親の平均年間収入は223万円、うち就労収入は181万円です。子どもを育てていくには、少々心もとない金額です。

働くシングルマザーのうち「正規の職員・従業員」の就労収入は270万円ですが、「パート・アルバイト等」では125万円。就労収入が100万円未満という人は28・6%と、4人に1人以上です。

貯蓄額も50万円未満の人が47・7%と、最も多くなっています。

離別の場合に養育費がもらえないことも、貧困化の一因となっています。

養育費については、離婚時に額や支払い方法などきちんと決めておかねばなりません。しかし母子世帯で「取り決めをしている」人は37・7%、「取り決めをしていな

母子世帯の養育費受け取り状況

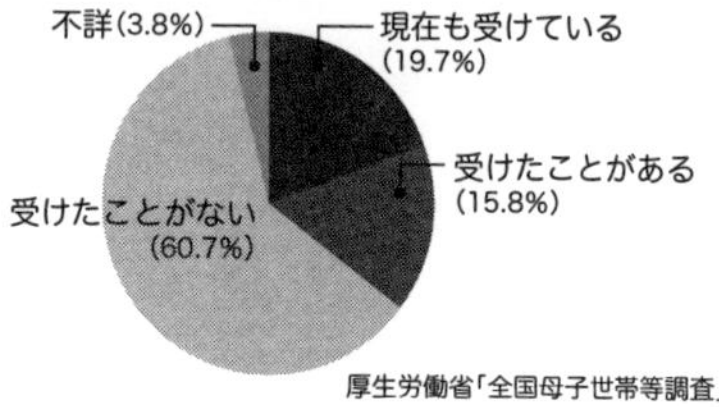

厚生労働省「全国母子世帯等調査」(2011)

い」は60・1%。6割以上の人が、養育費の取り決めをしないまま離婚しています。

取り決めをしなかった理由は、「相手に支払う意思や能力がないと思った」（47・0%）、「相手と関わりたくない」（23・7%）など。そのため、養育費を受けたことがないという人が60・7%もいます。養育費は途中でうやむやになる場合も多く、実際に養育費をもらい続けている人もわずか19・7%と、5人に1人以下なのです。

このように、シングルマザーのリアルは非常に厳しいものになっています。

最後に明るい情報をお伝えしましょう。

シングルマザーが「仕事の役に立っている」と回答した資格は、上位から「作業療法士」（100・0%）、「准看護師」（96・4%）、「介護福祉士」（95・8%）、「看護師」（87・8%）となっています（厚生労働省「全国母子世帯等調査結果」2011）。

「母は強し」という言葉のごとく、シングルマザーは強く、たくましく生きていかねばならないのです。

第5章 健康・美容 health & beauty

▼▼ そろそろ感じる身体の衰え

28歳ともなれば、容姿や健康状態などさまざまな面で、〝衰え〟を感じはじめる時期です。

「駅の階段がきつい」「寝不足が翌日に響く」「徹夜は無理」「疲れがたまりやすい」など、明らかな体力不足を感じる人も多いでしょう。一般的に運動能力のピークは10代後半で、30歳くらいから低下していくといわれています。

また、容姿の面でも「帰りの電車の窓に映る自分の姿に驚愕した」「写真を撮ると思った以上に老けていた」など、自分の姿にショックを受けたという人も少なくないのではないでしょうか？

体型が20歳の頃と違ってきたり、顔のしわやしみが気になりだしたり、早い人は白髪がちらほら出たり、髪のハリやツヤがなくなったり……。「ああ、こうやって年をとっていくのね……」と実感するのが、28歳なのです。

衣料品メーカーのワコールの調査によれば、20代の女性は「若い姿を失うのが怖い」（61・4％）、「自分が老いていく姿は見たくない」（66・3％）と、〝老化〟に対する恐怖心がほかの年代よりも強くなっています（「女性の加齢意識と生活スタイルに関す

加齢等に対する考え方

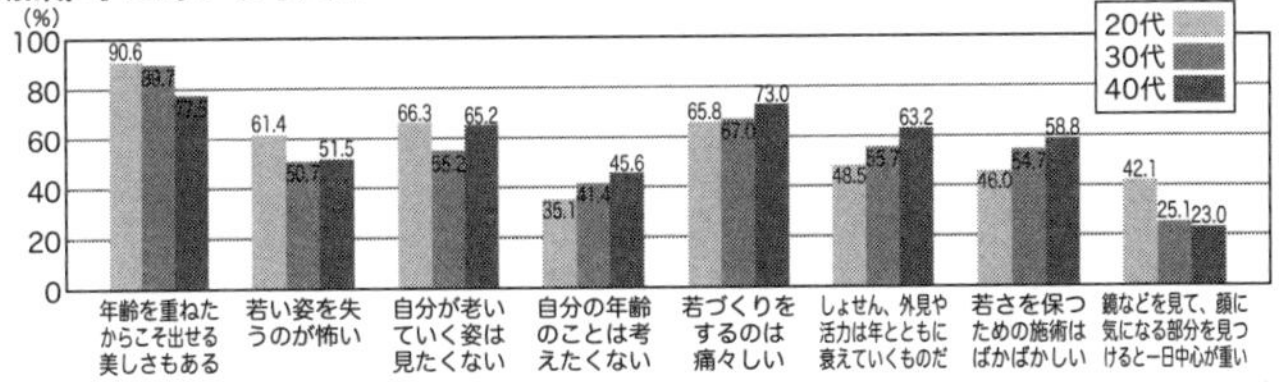

ワコール「女性の加齢意識と生活スタイルに関する調査」(2012)

る調査」２０１２）。また、「鏡などを見て、顔に気になる部分を見つけると一日中心が重い」と答えた人も、ほかの年代よりも多い42・1％です。

20代はほかの年代とくらべ、まだまだ美意識が高く、自分の容姿にこだわりを持っているのです。

しかし、若い頃はある程度見た目に執着していたとしても、多くの人はだんだん諦《てい》観《かん》していきます。

30代、40代、50代と年齢を経るにしたがって、「しょせん、外見や活力は年とともに衰えていくものだ」「若さを保つための施術はばかばかしい」といった意見が増えていきます。若い頃は加齢を恐れていても、年をとれば自分の老いや衰えを受け入れ、悟りの境地に至るのです。

ただし、同調査によれば「何歳に見られたいか」との問いに対し、20代では平均23・4歳ですが、30代では30・2歳、40代では38・2歳、50代では46・5歳と、諦観しつつも若返り願望は強くなっていくようです。

女性に「肌の衰えを感じることがありますか？」と聞いた調査では、65％が「よくある」、35％が「たまにある」と答えています。「よくある」と回答した人は、20代でも43％です。また、「お肌の曲がり角を迎えるのは何歳だと思いますか？」との問い

顔はラインで老けていく!

に対する答えの平均は、「29・9歳」という結果になっています（ランコム調べ、2013）。まさにみなさんは「お肌の曲がり角」にさしかかっているのです。

ちなみに20代後半の肌の悩みは、上位から「毛穴の目立ち」「ニキビ・吹き出物」「しみ・そばかす」となっています（@cosme調べ、2012）。

じつはしみや細かいしわなどは、近づいてみないとわからないもの。それよりも、いわゆるほうれい線、ゴルゴ線、マリオネットライン、ブルドッグラインが深くなってくると、とたんに顔の印象が変わります。

では、人生の先輩がたはどんなことで悩んでいるのでしょう。

30代女性の気になる肌の老化は「しみ・そばかす」がトップ。40代前半になると「ほうれい線の目立ち」、40代後半では「たるみ」がトップになります。40代以上になると、20代ではあまり見られなかった「たるみ」「ほうれい線の目立ち」「ハリのなさ」といった項目が上位にくるようになるのです（ポーラ文化研究所「肌の老化実感と女性のエイジングケア意識」2011）。

人生はとかく不平等なものですが、時の流れだけは誰にでも平等です。〝老化〟や〝衰え〟は、まだまだ若い20代のみなさんにもいつか訪れるものなのです。

▼▼美容にいくらお金をかける?

世のなかの女性たちは、どのくらい美容に手間とお金をかけているのでしょうか?リクルートの調査によれば、20～34歳の女性で過去1年間の間に「美容室」を利用した人は87・2%、「エステサロン(脱毛・痩身・フェイシャル)」を利用した人は19・8%、「ネイルサロン」を利用した人は10・8%、「アイビューティサロン(まつ毛エクステなど)」が7・6%となっています(「美容センサス」2013下期)。

ほとんどの人は美容室を利用していますが、ネイルサロンやまつ毛エクステまでは少数派のよう。では、美容室にかけるお金を細かくみてみましょう。

20～34歳の女性の美容室1回あたりの平均利用金額は6506円、年間利用回数は4・36回です。最も多いのは「カットのみ」の利用で65・5%、次いで「カラー+カット」の43・7%、「トリートメント」の24・8%となっています。

ちなみに、「カットのみ」の平均利用金額は3501円、「カラー+カット」は7859円、「トリートメント」は2475円、「パーマ+カット」は9105円、「縮毛矯正・ストレート+カット」は1万1695円となっています(全年代)。

日本人のヘアスタイルは没個性で保守的だといわれます。カットのときは「揃えるだけ」という人も多いようです。ときにはショート、ボブ、前髪をつくるなど、ヘアスタイルをガラリと変えてみることで、ファッションの幅も広がり、おしゃれが楽しくなります。

いずれにせよ、ヘアスタイルに関してはプロに任せる分、ある程度お金がかかるもの。人生は一度きりですから、挑戦できるうちにいろいろなヘアスタイルにチャレンジしてみるのもおすすめです。

では、化粧品はどうでしょうか？

25～29歳の女性が1ヵ月にスキンケア（化粧水やクリームなど）に使う平均額は3588円（中央値1750円）、メイクアップ用品（ファンデーションやマスカラなど）は2351円（中央値1250円）となっています（ポーラ文化研究所「女性の化粧行動・意識に関する実態調査」2013）。朝のメイクにかける時間は、5～15分未満という人が最も多く44%、次いで15～30分未満が35%となっています（@cosme調べ、2014）。

さて、みなさんはいかがでしょうか？

総務省の家計調査（2012）によれば、34歳以下の女性の単身・勤労者世帯の場合、「理美容サービス」に使うのが平均4359円、「理美容用品」に4770円となっています。多くの女性は、予算にあわせてうまくやりくりしているようです。

また、理美容サービスといえばヘアサロンやエステサロンなどのほかにも、あかすり（3000～4000円程度）や顔そり（2500円程度）など、低価格で受けられるサービスもあります。自分にあったメニューを見つけ、美容＋リフレッシュ＋ストレス解消としてうまく利用しましょう。

▼過剰なスキンケアで老化する!?

ところでみなさんは、ふだんどんなスキンケアをしていますか？

朝は洗顔、化粧水、日焼け止め、下地、ファンデーション、ポイントメイク。帰宅したらクレンジング、お風呂でダブル洗顔、化粧水をつけて水分補給、美容液、乳液で潤い成分を浸透させ、最後にクリームでふたをする……。週に一度はスペシャルケアのパック。髪はシャンプー、コンディショナー、トリートメントの3ステップ。乾かす前にオイルで保湿して。体にはボディクリームを塗りこんで……。

どこまでやるかは人それぞれでしょうが、これを毎日続けていたら、かかるお金と時間は相当なもの。本当に女性は大変ですね。

「肌断食」という言葉が話題です。じつはスキンケア化粧品は不必要で「かえって何もしないほうが肌によろしい」という考え方。過剰なスキンケアをやめることで、肌の自然な活力を引き出してむしろ美肌になるというものです。

美肌のためにと手間とお金をかけて塗りこんでいたスキンケア化粧品は、界面活性剤、防腐剤、紫外線防止剤などによって、肌に負担をかけ、かえって老化させてしまうのだそうです。

肌断食にはいくつかの方法がありますが、純石鹸、白色ワセリン、おしろいなどのシンプルなスキンケアに注目が集まっています。

化粧品は、良し悪しの実態がわかりにくいゆえに、高価なほうが効き目があるというようなプラシーボ（偽薬）効果の高いもの。これまで当然と思っていたスキンケアのプロセスも、じつは固定観念の産物かもしれません。

これからは塗りこむよりも、削ぎ落とすという考え方もありかもしれません。

女性の〝きれい〟に効く食べ物

「女性の肌が気になるか」という問いに対し、「気になる」と答えた男性は29・8％、

美容に効くビタミン

ビタミンB2	ビタミンE
【効果】脂質を燃焼させるダイエット効果がある。細胞の新陳代謝を促し、皮膚、髪の毛、歯などの成長を促進する。俗に「美容のビタミン」ともいわれる。 【多く含まれる食品】卵、納豆、牛乳、レバー、サバ、うなぎなど。	【効果】脂強い抗酸化作用を持ち、体の酸化（サビつき）を防止する。俗に「若返りのビタミン」ともいわれる。 【多く含まれる食品】アーモンド、かぼちゃ、ゴマ、イワシ、イクラ、うなぎなど。
ビタミンB6	**ビタミンC**
【効果】ホルモンバランスを整える、正常なターンオーバーを助け、皮膚、髪の毛、歯などの成長を促進する。ビタミンＢ２とあわせてとるとよい。 【多く含まれる食品】カツオ、マグロ、サケ、サバ、バナナ、サツマイモなど。	【効果】しみのもとになるメラニンの生成を抑制する。 【多く含まれる食品】イチゴ、キウイ、ブロッコリー、ピーマン、ゴーヤなど。

「やや気になる」が53・8%。なんと男性の8割以上が女性の肌を気にしています（（15〜34歳の男性）ロート製薬「男女の化粧に関する意識調査」２０１４）。

また、「女性のどんな肌（メイク）好きか」という問いには、「素肌っぽいナチュラルさ」が60・5%でダントツのトップでした。男性は女性が思う以上にすっぴん好き、ナチュラルメイク好きなのです。また、交際経験の多い男性ほど女性の肌を気にするという結果も。モテる男ほど女性の肌をしっかりチェックしているのです。

きれいな素肌は、やはり内側からのケアが大切です。

美容にも健康にもよいといわれるのは、やはり「バランスのよい食事」「規則正しい生活」「適度な運動」です。とはいえこれがなかなかむずかしいもの。

ならば手っ取り早く、美容に効く栄養素や食べ物で効率的にきれいになりましょう。

まず注目したいのが、脂質燃焼効果があり、俗に「美容のビタミン」と呼ばれるビタミンB^2。卵、納豆、レバーなどに多く含まれます。そしてホルモンバランスを整えるなど女性にうれしい効果のあるビタミンB^6。これはカツオ、バナナ、サツマイモなどに多く含まれます。

ほかにも美容によいとされる食べ物はたくさんあります。

眼精疲労を改善するアントシアニンやビタミンE、葉酸、食物繊維が豊富に含ま

女性の平均体重＆平均身長

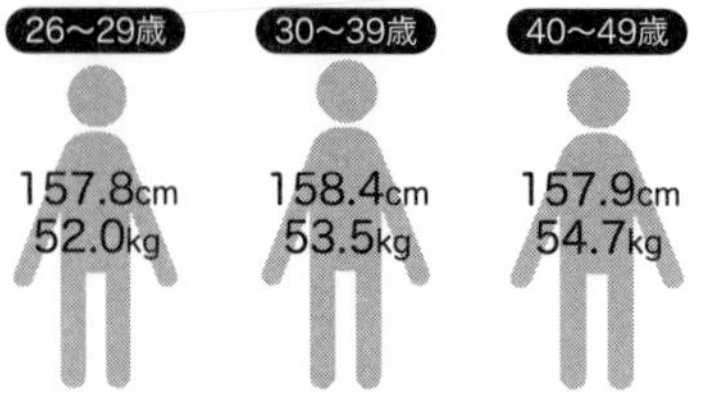

厚生労働省「国民健康・栄養調査」(2012)

れている「ブルーベリー」、抗酸化作用・美肌効果のあるリコピンを多く含む「トマト」、ホルモンバランスを整えるイソフラボンを含む「大豆製品」、抗酸化作用や新陳代謝を助けるミネラルを多く含む「海藻」、〝食べる美容液〟と呼ばれビタミンEやB_2を多く含む「アボカド」など。

もちろん、バランスのよい食事がいちばん大切ですが、美容効果のある食べ物を意識してとることで、10年後、20年後に大きな差が出る……かもしれませんよね。

▼みんなダイエットをしている

ところでみなさんは、ダイエットをしていますか？

女性のダイエット経験者は8割以上といわれています。

26～29歳女性の平均身長は157・8センチ、体重は52・0キロです（厚生労働省「国民健康・栄養調査」2012）。

この平均身長と平均体重からBMI値を計算すると20・9です。標準値の22（54・8キロ）を考えると、平均でも十分スリムであるということになります。

ワコールの「女性の加齢意識と生活スタイルに関する調査」（2012）によれば、

現在の体型への満足度

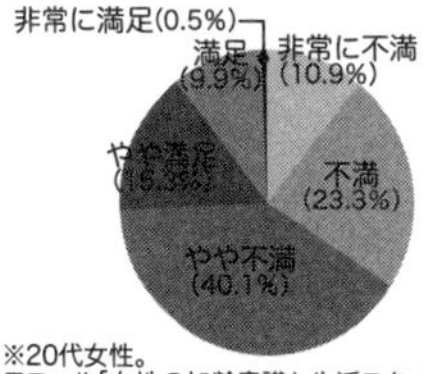

※20代女性。
ワコール「女性の加齢意識と生活スタイルに関する調査」(2012)

BMI計算式

$$BMI = \frac{体重(kg)}{身長(m) \times 身長(m)}$$

肥満度の判定基準		
	低体重(痩せ)	BMI18.5未満
	普通体重	BMI18.5以上25未満
	肥満(1度)	BMI25以上30未満
	肥満(2度)	BMI30以上35未満
	肥満(3度)	BMI35以上40未満
	肥満(4度)	BMI40以上

20代の女性で自分の体型について「満足している」という人は25・1%、4人に1人しかいません。4人に3人は自分の体型に不満を感じているのです。

同調査によれば、20代女性は理想の体型について、「お腹が出ていない」「くびれがある」「脚が細い」「ヒップが引き締まっている」と答える人が9割以上を占め、「ぽっちゃりしている」「ふくよかである」といった項目は1割以下。ほかの年代よりも「細さ」にこだわっているという結果が出ています。

また、理想の体型によるメリットについては「好きな服を着られる」「明るい気分でいられる」「前向きになれる」といった意見が9割を超えています。

また、「男性にもてる」(75・2%)、「男性に誘われる」(69・3%)といった意見よりも、「女性からうらやましがられる」(85・1%)、「女性から憧れられる」(84・7%)といった意見が多くなっています。体型について、女性は異性よりも同性を意識しているのです。

20代の女性で「食べ物の量や種類を制限」している人は22・3%、「ウォーキング・ジョギング」をしている人は27・2%。また、「食べ過ぎたときに罪悪感を感じる」という人は58・9%です。日本の若い女性がいかにダイエットを意識して生活しているかがわかります。

女性誌やテレビ番組などでは「夏直前ダイエット」「正月太り解消!」「下半身ダイエット」など、手を替え品を替え、一年中ダイエット特集が組まれています。そして毎年のようにダイエットに関する本がベストセラーになります。それだけ多くの女性に「痩せたい」という願望があるのです。

▼ダイエットが必要な人は誰?

ところで、ダイエットをしている女性は、本当に太っているのでしょうか?

「肥満」の基準はBMIが25以上となっています。平均身長の157・8センチで計算すると、62・3キロを超えると危険信号ということです。20代女性でBMIが25以上の人は、7・8%しかいません。つまり、若い女性でダイエットが必要な人は10人に1人もいないのです。メタボリックシンドローム(内臓脂肪症候群)が強く疑われる人の割合はわずか0・1%、メタボ予備群と考えられる人も1・7%しかいません(厚生労働省「国民健康・栄養調査」2012)。

いっぽうBMIが18・5以下になると、「低体重(痩せ)」の判定となります。平均身長から計算すると46・1キロ以下の人です。20代の女性の場合、痩せ判定の人が

体型と死亡リスクの関係

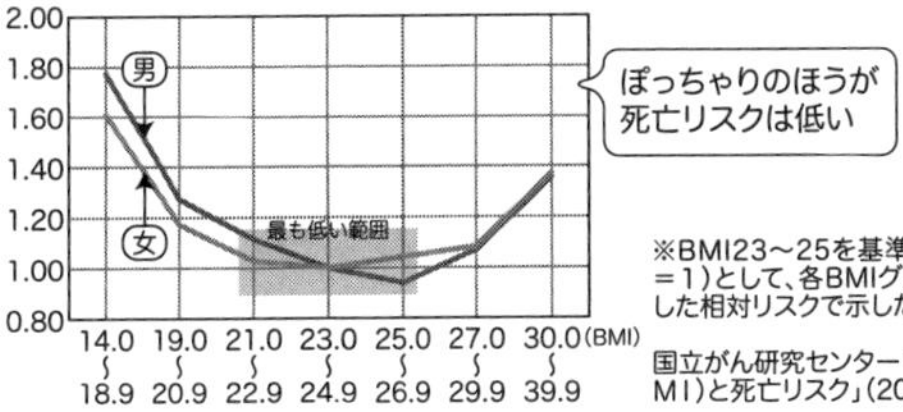

※BMI23〜25を基準（ハザード比＝1）として、各BMIグループと比較した相対リスクで示したもの。

国立がん研究センター「肥満指数（BMI）と死亡リスク」（2011）

21・8％、5人に1人以上が〝痩せ〟なのです。

たしかに肥満は高血圧、脂質異常症、糖尿病、心疾患になりやすいという健康上のリスクがあります。しかし痩せていればいいというものではありません。痩せすぎにも貧血、体力不足、免疫力の低下、女性ホルモンの低下など、さまざまな健康上でのマイナス面があります。

2011年に国立がん研究センターが発表した「肥満指数（BMI）と死亡リスク」についての調査によれば、女性の場合はBMI21・0〜26・9、とくに23・0〜24・9の人の死亡リスクが低い、つまり長生きできることがわかりました。

BMI23・0〜24・9というと、みなさんの平均身長から計算すると57・3〜62・0キロ程度。肥満の基準手前であるいわゆる「ぽっちゃり」「小太り」体型です。痩せたい女性にとっては「ありえない！　太りすぎ！」というような体重ですよね。

対して、最も死亡リスクが高いのが、BMI14・0〜18・9の人。平均身長から計算すると34・8〜47・1キロくらいの人です。痩せすぎの人は、明らかな肥満者であるBMI30・0〜39・9の人よりも、死亡リスクが高くなっています。

過剰なダイエットで肌はボロボロ、髪はパサパサ、心はイライラでは元も子もありません。

独身男性が好きな体型は?

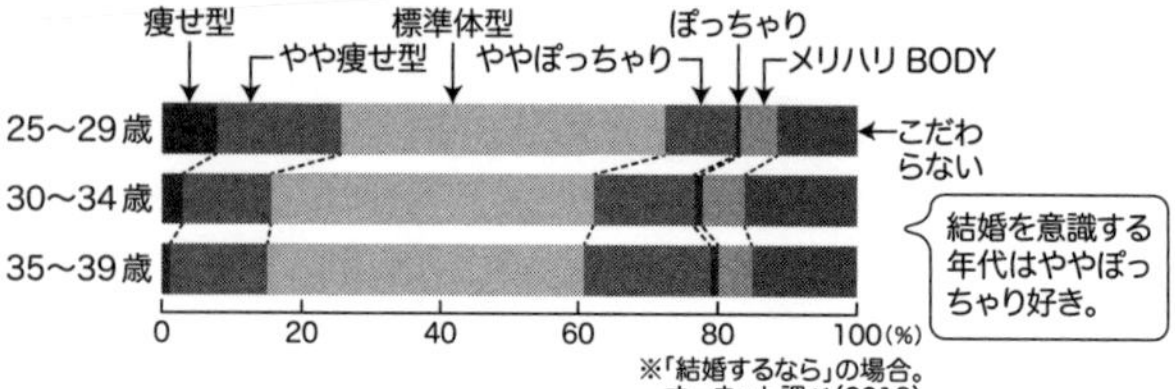

※「結婚するなら」の場合。
オーネット調べ(2013)

「体重を減らして痩せる」ことよりも、

・肌のツヤ
・髪のツヤ
・姿勢

のほうがよほど大切です。ちなみに、10〜20代の若い男性は痩せ型の女性を好む傾向がありますが、30代前半になると「（やや）痩せ型」を好む人と「（やや）ぽっちゃり」を好む人が同じくらいになります。そして30代後半になると「（やや）ぽっちゃり」が逆転して優勢になるのです（オーネット調べ、2013）。結婚を考える年齢になると、本能的にぽっちゃり体型を求める男性が増えるということなのでしょう。

もともと「diet」は「生活様式」や「生き方」を意味するギリシャ語「diaita」が語源。28歳からのダイエットでは、体重のみにこだわらず、適度な運動やバランスのよい食事、丈夫な筋肉・骨をキープし、「健康的な身体をつくる」ことを意識した生活を送ることが重要なのです。

ダイエットを気にしすぎている女性よりも、「おいしそうに食べる女性」「残さず食べる女性」のほうが魅力的に映るもの。食べっぷりのよい女性のほうがかっこいいのです。

不定愁訴の対処法

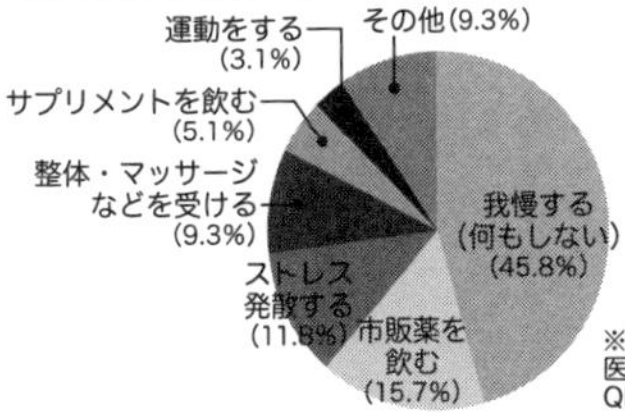

※「月経周期と関係ない不定愁訴がある」人の医療機関受診や休息以外の対処法。
QLife「20代・30代女性の「不定愁訴」実態調査」（2011）

肩こり、頭痛、腰痛に悩む20代

みなさんはいま、健康ですか？　日々の体調はどうでしょうか？

病気やケガなど、体の悪いところについて自覚症状のある20代女性は26・5％。その症状は上位から「肩こり」「頭痛」「腰痛」となっています（厚生労働省「国民生活基礎調査」2010）。

「不定愁訴」という言葉を知っていますか？

不定愁訴とは、何となくだるい、肩がこる、頭が重い、眠れない、食欲がない、気分がすぐれないなど、はっきりした原因はわからないが体調が悪いという症状のこと。「病院に行くほどじゃないから……」と考えがちなため、我慢したり、薬でごまかしてしまう人が多いのです。

20～30代の女性が不定愁訴について医療機関を受診しない理由の上位は、「病気ではない／この程度の理由で病院に行くべきでない」（18・0％）、「しばらくすれば治る」（16・2％）、「症状が軽い」（10・5％）となっています。医療機関以外の対処法については、「我慢する（何もしない）」「市販薬を飲む」「ストレス発散する」が上位です（QLife「20代・30代女性の「不定愁訴」実態調査」2011）。

◎必見！「ためしてガッテン」

美容と健康の情報として、NHK総合の『ためしてガッテン』（毎週水曜20時～）があなどれない。年配の方向けの番組と思いきや、意外に美容、健康、ダイエットなどの正しい知識を鋭く解説してくれる。

体を温める食材

- しょうが
- 玄米
- 豆類
- 根菜（にんじん、れんこん、ごぼう）
- 発酵食品（みそ、納豆、漬物など）
- スパイス（とうがらし、にんにくなど）
- ねぎ
- たまねぎ
- ほうじ茶

また、「なんとなく体調がすぐれないと、仕事の効率はどうなるか」との問いに対し、6～8割に能率が下がると答えた人が63・7%となりました。体調は、仕事の効率にダイレクトに影響するのです。

不定愁訴の多くは、自律神経の失調、血行不良などによって起こるといわれていますが、体調不良はうつ病などの病気につながることもあります。快適な毎日のためにも、できるだけ我慢せず、医療機関を受診するようにしましょう。血行不良にはお風呂、岩盤浴、温泉、ウォーキングなどが効果的です。

また、不定愁訴には漢方薬が頼りになることも。漢方薬は自然界にもともと存在する植物などから有効成分を精製した〝生薬〟を原料としています。風邪に効く「葛根《かっこん》湯《とう》」や「小青竜湯《しょうせいりゅうとう》」が有名ですが、生理不順、貧血、めまい、冷え性などに効果があるのは「当帰芍薬散《とうきしゃくやくさん》」や「桂枝茯苓丸《けいしぶくりょうがん》」。不定愁訴は漢方薬局などで相談してみましょう。漢方薬を処方してくれる病院もあります。

▼未来のためのデンタルケア

通常、人間の永久歯は全部で28本（親知らずを入れると32本）です。

ところでみなさん、自分の歯は何本ありますか？

「もちろん全部自分の歯に決まっている」という人がほとんどでしょう。

日本歯科医師会では、８０２０運動というものを実施しています。これは「80歳になっても20本以上自分の歯を保とう」という趣旨の運動です。つまり、80歳まで自分の歯を20本以上残すのは、なかなかむずかしいということです。

みなさんは、自分の歯に自信はありますか？

厚生労働省の「歯科疾患実態調査」（２０１１）によれば、25～29歳で虫歯のある人（治療済を含む）は95・1％。「一度も虫歯になったことがない」という人はかなりまれなのです。

25～29歳の平均的な歯の状態は、「虫歯になったことのない歯」が20・3本、「虫歯になっている歯」が1・1本、「虫歯治療済の歯」が6・3本となっています。

若い世代の歯のトラブルは虫歯治療がほとんどですが、年をとれば自分の歯を保つのがむずかしくなります。

自分の歯が20本以上残っている人の割合はどのくらいでしょうか？

40代まではまだほとんどの人が大丈夫ですが、60代前半から大きく減りはじめ78・4％、70代後半で47・6％と半数以下になります。

年齢別平均歯数

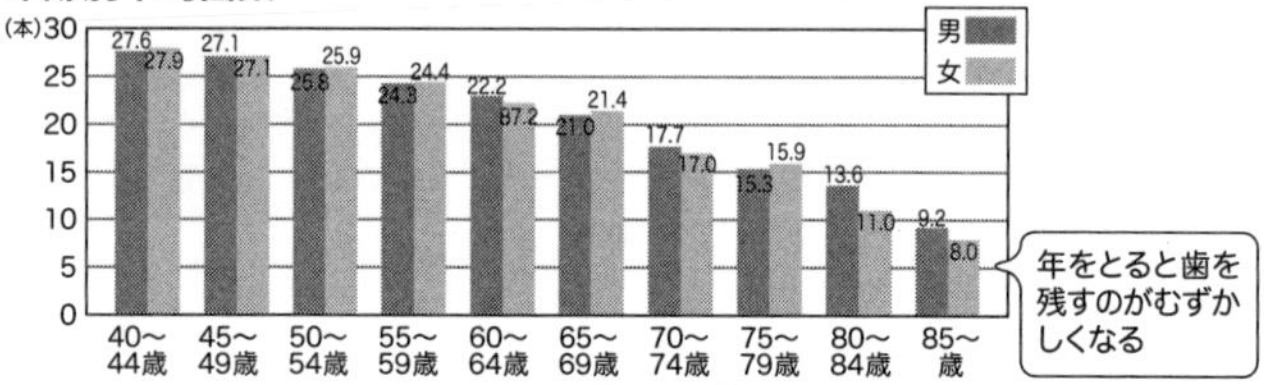

厚生労働省「歯科疾患実態調査」(2011)

80代前半で28・9％、85歳以上にもなると、約17・0％しかいません。

みなさんにとっては、まだまだ先の話かもしれません。でも、歯は一度失ったら二度と再生することはできません。健康な歯は1本１００万円もの価値があるといわれています。ですから、安易に抜いたり削ったりしないこと。1本でも多く自分の歯を残すためには、日々のデンタルケアが重要なのです。

歯を失う原因は、主に「歯周病」（41・8％）と「虫歯」（32・4％）です（８０２０財団「全国抜歯原因調査」２００５）。この歯周病が怖いのです。歯ぐきに炎症が起こると（歯肉炎）、歯と歯ぐきの境目が深くなり（歯周ポケット）、歯を支えている骨が溶けて、歯が抜けてしまうのです。これが歯周病で歯を失うしくみです。

出血や歯周ポケットなど、歯ぐきになんらかの問題が見られる人は、20代後半でも68・9％。これが将来、歯をなくす原因となります（厚生労働省「歯科疾患実態調査」２０１１）。

歯周病の主な原因は歯垢《しこう》による細菌です。そのほか、喫煙、ストレス、不規則な生活習慣、骨粗しょう症なども原因になります。

「この1年間に歯科検診を受けた」人の割合は、20代女性で43・0％、20代男性で37・7％。これは男女ともどの年代よりも低い数値となっています。デンタルケアがおろそかになっているのは、じつは20代なのです。

虫歯、歯周病予防には、毎日の歯みがきで歯垢を取り除き、口内細菌をなくすこと。そしてストレスや、不規則な生活に注意することも大切です。20代、30代からのケアが、あなたの大切な歯を守るのです。

20代、30代の女性がかかりやすい病気

私たち人間がかかる可能性のある病気は、数万種類ともいわれています。

そのなかでも、男性がかかりやすいものと、女性がかかりやすいものがあります。

男性がかかりやすい病気は、心筋梗塞、十二指腸潰瘍、痛風、尿路結石、膀胱がん、肺がん、肝臓がん、食道がん、高脂血症、アルコール性肝炎、脂肪肝、肝硬変など。

また、男性しかかからない病気に前立腺肥大症、前立腺がん、精巣がんなどがあります。

対して、女性がかかりやすい病気は、骨粗しょう症、関節リウマチ、偏頭痛、貧血、うつ病、認知症、膀胱炎など。

よく見てみると、男性がかかりやすい病気はいわゆる〝生活習慣病〟が多く、お酒

の飲みすぎや喫煙、メタボリックシンドロームなど、生活の不摂生が要因となるものが多くなっています。

そして女性がかかりやすい病気の多くが、閉経による女性ホルモン分泌の減少が大きく関係しています。みなさんの場合、閉経はまだまだ先ですから、あまり実感がないかもしれませんね。

しかし、病気は年配者だけがかかるものではありません。

とくに20代、30代の女性が注意しなければならない病気があります。

それは「乳がん」「子宮頸がん」「子宮筋腫」「卵巣のう腫」「子宮内膜炎」「子宮内膜症」の6つ。かんたんに説明しましょう。

・乳がん

女性がかかりやすいがん第1位で、乳房組織（主に乳管）に発症します。国立がん研究センターによれば、日本女性の14人に1人が乳がんを発症するといわれています。とくに40〜50代の女性がかかりやすく、早い人は20代、30代で発症。早期に発見すれば治癒率が高いですが、最悪の場合命を落とすこともあります。

がん罹患率（25〜29歳の女性）

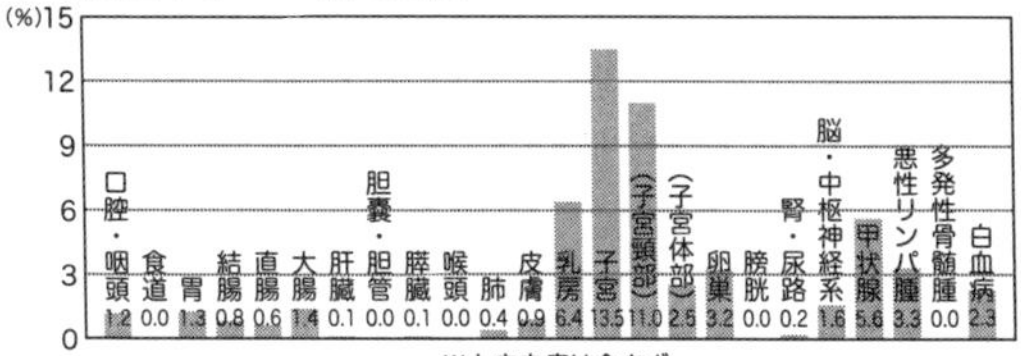

※上皮内癌は含まず
国立がん研究センターがん対策情報センター（2010）

・子宮頸《けい》がん

女性がかかるがんのうち、乳がんに次いで罹《り》患《かん》率の高いがん。子宮の入り口である頸部の上皮にがんが発生します。

性行為等で感染するヒトパピローマウイルス（ＨＰＶ）によって、子宮頸がんに進行することがあります（性器周辺にイボイボができる尖圭コンジローマもヒトパピローマウイルスによる感染症）。

近年では20歳代後半から30歳代後半までの発症率が増加しており、20代後半の女性がかかりやすいがん第1位です（国立がん研究センター「がんの統計」２０１３）。

子宮頸がんも早期発見が非常に重要です。進行すると子宮摘出や死亡のリスクがあります。

・子宮筋腫《きんしゅ》

子宮の筋層にできる良性の腫瘍で、成人女性の2〜3割程度が罹患しているといわれています。

命にかかわるようなものではないことが多く、今後出産の可能性がある場合は摘出せずにそのまま様子を見ることがほとんど。

経血が増える、生理痛がひどくなるという症状があります。

・卵巣のう腫
子宮の両側にひとつずつある卵巣にできる腫瘍《しゅよう》のこと。多くの場合良性の腫瘍で、命にかかわることはありません。

痛みなどの症状はほとんどなく、今後出産の可能性がある場合は摘出せずにそのまま様子を見ることがほとんど。のう腫が大きくなって痛みが出るような場合は、摘出を検討する場合もあります。

・子宮内膜炎
子宮内腔の内膜の炎症です。子宮内に細菌が入り込むことで発症します。症状は下腹部痛、微熱、腰痛など。抗生物質を服用する薬物療法が基本です。進行すると不妊症の原因になることもあるので、早期発見・早期治療が重要です。

・子宮内膜症
子宮内膜があるべき場所の子宮内腔になく、骨盤の腹膜や子宮の筋層、卵巣などに

◎人に言いにくい病気

・性器カンジダ症
カンジダというカビの一種が原因で強いかゆみ、白っぽいおりものが主な症状。性行為だけでなく、免疫力の低下、ストレス、ホルモンバランスの乱れなどで起こることも多いため、誰でもかかる可能性がある。女性の4人に3人が経験するとされており再発しやすい。

・性器クラミジア感染症
おりものの増加や不正出血などが見られるが、はっきりした自覚症状がないため気づきにくい。不妊の原因となったり、妊娠中にかかると退治に感染することも。主に性行為によって感染する。

・エイズ
主に性行為や輸血によってエイズウイルス（HIV）に

感染する。感染すると免疫力が徐々に低下し、5～10年程度の潜伏期間を経てさまざまな病気や感染症にかかりやすくなり死に至る。完治はむずかしいが、早期発見・適切な治療によって延命できる。

入り込んでいる状態です。子宮内膜症にかかる女性は10人に1人といわれ、不妊の原因になるともいわれています。

大きなチョコレートのう胞《ほう》がある場合は手術を検討する場合もありますが、今後出産の可能性がある場合は摘出せずに投薬などで様子を見ることが多くなっています。

このように、女性特有の、しかも20～30代でも発症率が高い病気があります。とくに乳がん、子宮頸がんの場合は、死亡リスクもあります。

これらの病気の予防・早期発見には、定期的に婦人科検診、乳がん検診等を受けることが大切です。

28歳は、そろそろ自分の身体ときちんと向き合わなければならない時期なのです。

自分の身体と向き合うために、日頃から大切な習慣があります。

まずは、「実際に触ってみること」。

乳がんは検診のほかにも、自分で脇の下やおっぱいを触ることでしこりを感じ、早期発見につながることもあります。

また、下腹部を触ることで筋腫やのう胞などが確認できることもあります。

そして、「じっくり観察すること」。

年齢別喫煙率

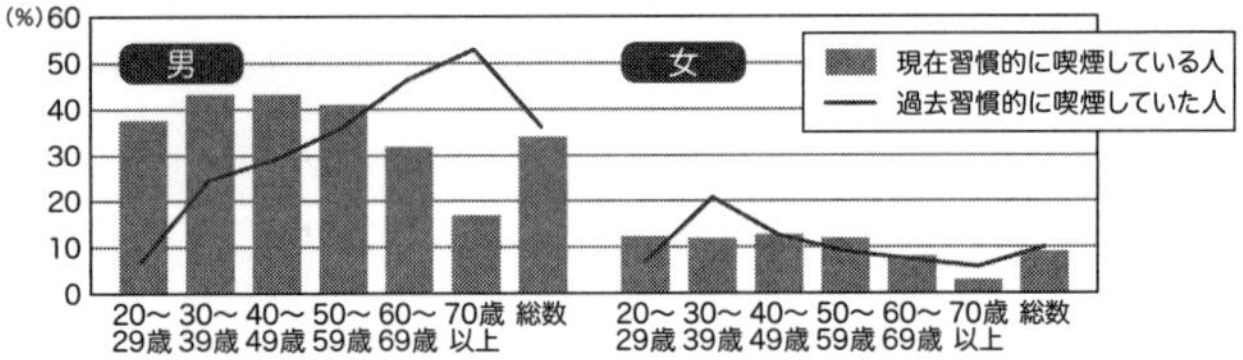

厚生労働省「国民健康・栄養調査」(2012)

おしっこやうんちの色、臭い、量はどうか。

また、おならのにおい、生理時の経血はどうかなど。

経血の量が多い、においが強い、かたまりが多いといった場合は婦人科系疾患の可能性があります。

くさいものにはふたをするのではなく、自分から出た排泄物はよーくチェックしてみましょう。

▼お酒とたばこ、たしなみますか？

身体に悪そうな生活習慣といえば、やはり「喫煙」と「飲酒」ではないでしょうか？

厚生労働省の「国民健康・栄養調査」（２０１２）によれば、20代の女性の喫煙率は12・3％、10人に1人程度の割合です（20代男性は37・4％）。

女性全体の喫煙率は9・0％で、20代女性の喫煙率は40代女性の12・7％に次いで高い数字となっています。

また、「いまは止めたがこれまでに吸ったことがある」という人を加えた喫煙経験のある20代女性は19・1％です。

たばこの煙には有害物質が200種類以上あり、そのうち40〜60種類は発がん性物質です。たばこを吸うと、煙に含まれる成分が口のなか、肺、気道、胃、腸管などで吸収され、血液を通して全身をめぐります。

ごぞんじのとおり、喫煙者は肺がんをはじめとするさまざまながん、肺気腫、虚血性心疾患、胃・十二指腸潰瘍などのリスクが増大します。

また、喫煙による酸素欠乏によって動脈硬化が進み、脳卒中、急性心筋梗塞などのリスクも高まります。

妊婦が喫煙すると、低体重児、早産、妊娠合併症などのリスクが高まります。

そして忘れてはいけないのが、〝受動喫煙〟です。

喫煙者が吐き出す副流煙は、たばこから喫煙者の体内に直接入る主流煙よりも、発がん物質、有害物質が多くなります。

また、主流煙は酸性ですが、副流煙はアルカリ性で、目や鼻の粘膜を刺激します。「煙が目にしみる」ことは科学的に証明されており、喫煙者が周囲の健康を阻害することは歴然たる事実なのです。

ただし、喫煙者の数は年々減少傾向にあります。

健康への留意のほか、たばこの税率が上がって「価格が高い」というのも大きな理

純アルコール量の目安

	ビール（中瓶1本500ml）	清酒（1合180ml）	ウイスキー・ブランデー（ダブル60ml）	焼酎（35度）（1合180ml）	ワイン（1杯120ml）
アルコール度数	5%	15%	43%	35%	12%
純アルコール量	20g	22g	20g	50g	12g

1日の純アルコール摂取量は20g以下に

厚生労働省「健康日本21」より

由のひとつのようです。

喫煙者の77・4％が、「700円まで値上げされたら禁煙を考える」と答えています（ファイザー調べ、2011）。

さて、次は飲酒です。

20代女性で、毎日飲酒するという人はわずか1・5％。

ほとんど飲まない（飲めない）という人が64・6％です。飲酒習慣のある人（週に3回以上飲酒し、1日あたり清酒換算で1合以上を飲酒する人）も3・3％です（厚生労働省「国民健康・栄養調査」2012）。

飲酒には良い面と悪い面があります。

良い面は、ストレス解消、リラックス効果、周囲の人とのコミュニケーションなど。適度な飲酒には、悪玉（LDL）コレステロールを減らし、善玉（HDL）コレステロールを増やす作用もあります。

しかし長期にわたる多量飲酒によって肝臓に中性脂肪が蓄積し、脂肪肝や肝硬変などが引き起こされます。

また、飲酒は高血圧、脂質異常症、糖尿病、痛風、心筋梗塞、心不全、脳卒中など、重大な病気を引き起こす要因になります。

さらに、妊娠中や授乳期の飲酒は、胎児・乳児の発育に影響をおよぼす可能性があります。

ちなみに、多量飲酒の定義は1日に60グラム以上の純アルコールを摂取すること。これはだいたい清酒で3合（540ミリリットル）以上、ビールで中ビン3本以上（1500ミリリットル）、焼酎（20度）を1合半（270ミリリットル）となります。

適度な飲酒の目安は20グラム程度の純アルコールとされていますが、女性は男性にくらべて身体（肝臓）が小さいため、男性よりもアルコールの影響を受けやすくなります。そのため、生活習慣病のリスクを高める飲酒量は、男性が1日40グラム以上、女性が20グラム以上と設定されています。

女性の場合、飲める人でもビール中ビン1本以下くらいにしておいたほうがよさそうです。

喫煙も飲酒も、「吸わずにいられない」「飲まずにいられない」という依存性があるのも問題です。

とくにアルコール依存症になると、日常生活や社会生活に支障をきたすことも。

たばこはできるだけやめ、自分の身体にあった適度な量のお酒をたしなむことが健康への道なのです。

◎酒蔵めぐりを楽しむ

お酒好きな人は、全国の酒蔵をめぐる旅をするのもおつなもの。日本酒で有名なのは兵庫県の「灘」、京都府の「伏見」、広島県の「西条」など。「日本酒カレンダー（http://nihonshucalendar.com/）」では、蔵開き、利酒会、試飲会など全国のイベント情報を掲載している。

◎マイルドドラッグの恐怖

依存症というと、ギャンブル、アルコール、たばこなどを思い浮かべる人が多いが、無意識のうちにポテトチップスなどのスナック菓子、チョコレートなどの甘い菓子に依存している人も多い。砂糖、油、塩、化学調味料、炭酸飲料などには中毒性が指摘されており、「マイルドドラッグ中毒」ともいわれている。

年齢・性別の死因トップ3

		20～24歳	25～29歳	30～34歳	35～39歳	40～44歳	45～49歳	50～54歳	55～59歳
男	1	自殺 (53.3%)	自殺 (52.1%)	自殺 (41.9%)	自殺 (33.0%)	自殺 (24.1%)	悪性新生物 (23.5%)	悪性新生物 (31.4%)	悪性新生物 (39.7%)
	2	不慮の事故 (19.6%)	不慮の事故 (14.3%)	不慮の事故 (13.3%)	悪性新生物 (14.4%)	悪性新生物 (19.0%)	自殺 (18.6%)	心疾患 (15.1%)	心疾患 (14.6%)
	3	悪性新生物 (5.8%)	悪性新生物 (7.7%)	悪性新生物 (11.5%)	心疾患 (12.3%)	心疾患 (14.7%)	心疾患 (15.2%)	自殺 (12.2%)	脳血管疾患 (8.3%)
女	1	自殺 (47.5%)	自殺 (44.1%)	自殺 (33.8%)	悪性新生物 (37.6%)	悪性新生物 (46.9%)	悪性新生物 (50.8%)	悪性新生物 (54.7%)	悪性新生物 (58.3%)
	2	不慮の事故 (11.5%)	悪性新生物 (16.1%)	悪性新生物 (26.8%)	自殺 (22.6%)	自殺 (15.1%)	自殺 (11.2%)	自殺 (8.5%)	心疾患 (7.5%)
	3	悪性新生物 (9.9%)	不慮の事故 (10.3%)	不慮の事故 (8.4%)	心疾患 (5.9%)	心疾患 (7.0%)	心疾患 (8.1%)	脳血管疾患 (7.6%)	脳血管疾患 (7.2%)

厚生労働省「人口動態統計」(2012)

▼ 人はなぜ死ぬのか

人はどんな理由で死ぬのでしょうか？

みなさんは誰かの死に立ち会ったことがありますか？

その人は、どんな理由で亡くなったのでしょうか。

日本人にいちばん多い死因は、悪性新生物、つまりがんです。

日本人の2人に1人が、生涯のうちになんらかのがんにかかるといわれています。

そしてがんで死亡する確率は、男性26％（4人に1人）、女性16％（6人に1人）です（国立がんセンター調べ）。

一般には、がんにかかる確率は年齢とともに高くなるので、みなさんががんになる確率はまだまだ低いといえるでしょう。

では、20代で亡くなる人はどんな理由でしょうか？

25～29歳の女性の死因のトップは「自殺」（44・1％）。

次いで「悪性新生物」（16・1％）、「不慮の事故」（10・3％）となっています。25～29歳の男性は、上位から「自殺」（52・1％）、「不慮の事故」（14・3％）、「悪性新生物」（7・7％）となっています（厚生労働省「人口動態統計」2012）。

うつ状態にみられる症状

●自分で感じる症状
憂うつ、気分が重い、気分が沈む、悲しい、不安である、イライラする、元気がない、集中力がない、好きなこともやりたくない、細かいことが気になる、悪いことをしたように感じて自分を責める、物事を悪い方へ考える、死にたくなる、眠れない

●周囲から見てわかる症状
表情が暗い、涙もろい、反応が遅い、落ち着かない、飲酒量が増える

●体に出る症状
食欲がない、体がだるい、疲れやすい、性欲がない、頭痛、肩こり、動悸、胃の不快感、便秘がち、めまい、口が渇く

厚生労働省「みんなのメンタルヘルス総合サイト」より

男性の場合は40代前半まで自殺が死因のトップですが、以降は80代まで「悪性新生物」がトップになります。対して女性の場合は30代後半から「悪性新生物」がトップになるのです。

全体的に見れば男性のほうががんにかかる確率が高いのですが、女性の場合は若年層で乳がん、子宮頸がんなどにかかる人がいるため、死因の割合をがんが押し上げているのです。

若年層の死因として見過ごせないのが、やはり「自殺」です。

自殺を考えた経験がある人の割合は、全体で23・4%。20代では28・4%と、どの年代よりも高くなります（内閣府「自殺対策に関する意識調査」2012）。

ちなみに、実際に自殺をする人の割合は男性が多くなっています。

女性20～29歳の自殺の原因は、「健康問題」が49・5%でトップです。

その「健康問題」の内訳の半数以上（54・0%）を占めるのが、「うつ病」なのです（2013年の警察庁データより算出）。

じつは、女性は男性より2倍ほどうつ病になりやすいとされています。うつ病等の患者数は全年代で女性のほうが多くなっています（厚生労働省「患者調査」2011）。

女性にうつ病が多い理由は、PMS（月経前症候群）や産前産後、閉経等の女性ホ

ルモンの変動が関係するともいわれています。

とくに女性には、今後の経済的不安、仕事と家庭の両立、育児の悩みなど、現実的な悩みを抱えているのです。

心が疲れたかなと感じたときには、無理をせず、十分な休息と正しい治療を受けること。そして信頼できる誰かに話を聞いてもらったり、気分転換をしたりといったことが大切です。

第6章 生活 Life

▼28女の日常生活は忙しい

さて、世のなかの28歳の女性は、誰と、どんな暮らしをしているのでしょうか？
25～29歳の未婚率は60・7％ですから、結婚していない人のほうが多数派です。ただしこれは30～34歳で逆転し、未婚率は37・4％となって独身者は少数派になります（総務省「国勢調査」２０１０）。

全国的に見ると、１世帯あたりの平均人数は２・42人。しかし高齢社会の影響もあり、いまやひとり暮らしをしている人が最も多く、３世帯に１世帯が単独世帯となっています。

25～29歳女性の場合、ひとり暮らし率は17・１％です。都市部ではひとり暮らし率が高くなる傾向があり、東京都における25～29歳女性のひとり暮らし率は33・９％。3人に１人がひとり暮らしをしているのです（総務省「国勢調査」２０１０より算出）。あとの人は、親やきょうだいと暮らしていたり、結婚して配偶者と暮らしていたりします。

１日24時間は、どう過ごしているのでしょうか？

総務省の「社会生活基本調査」（２０１１）によれば、25～29歳女性の平日の行動

1日の時間の使い方

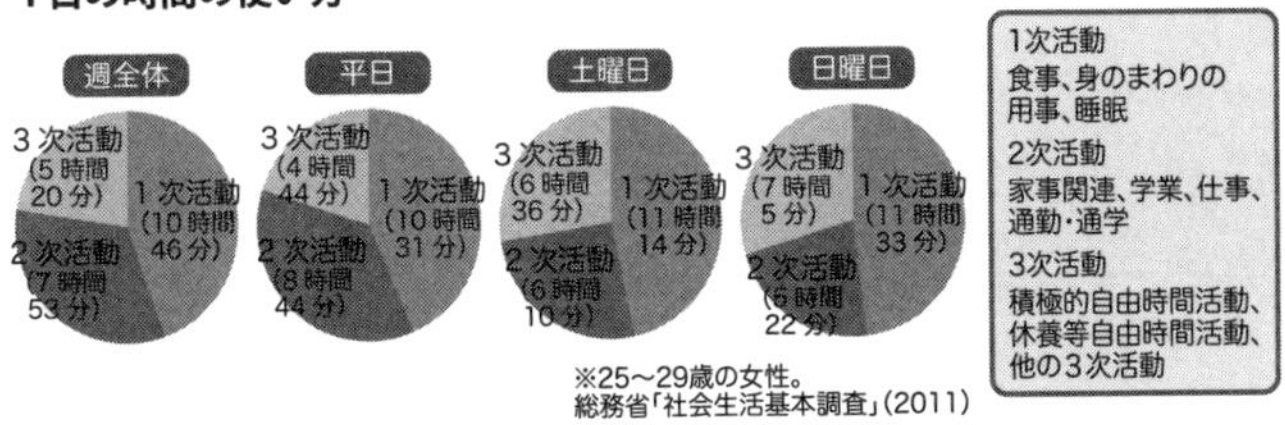

※25～29歳の女性。
総務省「社会生活基本調査」(2011)

時間は、食事、身のまわりの用事、睡眠などの1次活動に10時間31分、家事、仕事、勉強、通勤・通学などの2次活動に8時間44分、くつろいだり、遊んだりという自由時間の3次活動が4時間44分となっています。ちなみに女性では25～29歳が最も労働時間の長い年代です。

平日は7時2分に起床、23時53分に就寝。睡眠時間は7時間31分、食事にかける時間は1日のトータルで1時間31分、趣味や娯楽にかける時間は35分となっています。

社会的行動である2次活動の時間が長く、自由時間である3次活動が短い傾向にあるのは、女性では20代後半から40代までの間です。仕事、結婚、家事、子育てなど、みなさんは、人生で最も忙しい年代に突入しているといえるでしょう。

20代女性が「増やしたい時間」は、上位から「睡眠時間」(67・6%)、「親しい友人と過ごす時間」(59・2%)、「趣味にかける時間」(54・4%)となっています。また、「時間的ゆとりがない」と答えた人は38・6%にのぼります(博報堂生活総合研究所「生活定点調査」2012)。

というわけで、28歳女性の生活はなかなか忙しそうです。

忙しい毎日のなかで、時間をいかにやりくりするかが、充実した日々を生きるためのコツといえそうです。

充実感を感じるときランキング

1位	友人や知人と会合、雑談しているとき（62.8%）
1位	家族団らんのとき（62.8%）
3位	ゆったりと休養しているとき（53.7%）
4位	趣味やスポーツに熱中しているとき（46.8%）
5位	仕事に打ち込んでいるとき（30.3%）

※25〜29歳の女性。
※複数回答。
内閣府「国民生活に関する世論調査」（2013）

▼▼ 趣味はインドアで地味傾向？

みなさんが充実感を感じるときは、どんなときでしょうか？

25〜29歳の女性の場合、「友人や知人と会合、雑談しているとき」「家族団らんのとき」が62・8％で、以下「ゆったりと休養しているとき」（53・7％）、「趣味やスポーツに熱中しているとき」（46・8％）といった回答が多くなっています。ちなみに「仕事に打ち込んでいるとき」という人も30・3％います（内閣府「国民生活に関する世論調査」2013）。

総務省の「社会生活基本調査」（2011）によれば、25〜29歳の女性で過去1年間に「学習・自己啓発・訓練（仕事や学業以外）」をした人は41・9％。そしてなんらかの「ボランティア活動」をした人は17・2％。10人に4人が自主的に学習や訓練をし、6人に1人がボランティアをしているのです。28歳の女性は、まじめできちんとした考え方をしている人も少なくないようです。

また、スポーツをした人は63・2％。

上位は「ウォーキング・軽い体操」（39・9％）、「ボウリング」（19・8％）、「ジョギング・マラソン」（11・6％）、「水泳」（11・4％）です。

趣味ランキング

1位	音楽鑑賞（CDなど）（73.1%）	6位	読書（52.2%）
2位	映画鑑賞（DVDなど）（67.1%）	7位	写真の撮影・プリント（51.5%）
3位	映画鑑賞（映画館など）（57.2%）	8位	テレビゲームパソコンゲーム（51.3%）
4位	遊園地.動植物園.水族館などの見物（56.5%）	9位	料理・菓子づくり（42.7%）
5位	カラオケ（52.9%）	10位	コンサートで音楽鑑賞（クラシックをのぞく）（22.8%）

※25～29歳の女性。
※複数回答。
総務省「社会生活基本調査」（2011）

25～29歳の女性が過去1年間に行った趣味は、上位から「音楽鑑賞（CDなど）」（73・1%）、「映画鑑賞（DVDなど）」（67・1%）、「映画鑑賞（映画館など）」（57・2%）となっています。

28歳女性の趣味は、案外インドアで地味な傾向にあるようです。また、20代女性で「自分は無趣味なほうである」と答えた人は26・1%で4人に1人です（博報堂生活総合研究所「生活定点調査」2012）。

その他「スポーツ観戦（テレビ等以外）」（18・6%）、「キャンプ」（6・5%）、「編み物・手芸」（17・3%）、「楽器の演奏」（12・6%）、「パチンコ」（7・2%）といった趣味を楽しむ人もいるようです。

25～29歳の女性がほかの年代にくらべ、最もしていることがあります。

それは「旅行」。

過去1年間に「国内旅行」に出かけた人が58・7%、「海外旅行」に出かけた人が16・1%（出張や帰省をのぞく）と、旅行に出かける人の率が最も高いのが、みなさんの世代なのです。独身の人も多いためしがらみがなく、バイタリティもあり、お金もある程度自由に使える世代であるということなのかもしれません。

ちなみに、海外旅行に出かけた人に聞いた満足度の高い渡航先は、上位から「アメリカ東部」（97・4％）、「イタリア」（95・9％）、ハワイ（オアフ島以外）（95・8％）でした。そして未婚女性の今後行きたい渡航先は「イタリア」（43・3％）、「フランス」（39・9％）、「スペイン」（35・1％）など、ヨーロッパが上位を占めています（リクルートライフスタイル「エイビーロード海外旅行調査」２０１３）。

アラサーの気楽なおひとりさまライフ

アラサー（around thirty）の定義は、27歳以上33歳以下の人のこと。

28歳といえば、30歳を目前とした、まさに〝アラサー〟世代でもあります。

みなさんが19歳から20歳になったときは、少なからず「大人になる」「自分の世界が広がる」といった晴れがましい気持ちがあったのではないでしょうか？

しかし20代から30代になるときには、20歳のときのような晴れがましさはないはずです。「もうすぐ三十路か……」とキラキラした20代に別れを告げ、30代に足を踏み入れなければならないという気持ちではないでしょうか？

実際、女性が20代から30代に移行すると、さまざまな変化があるようです。

明治安田生活福祉研究所の「女性の幸せに関する意識調査」（２０１１）によれば、

アラサー女性の気持ちの変化

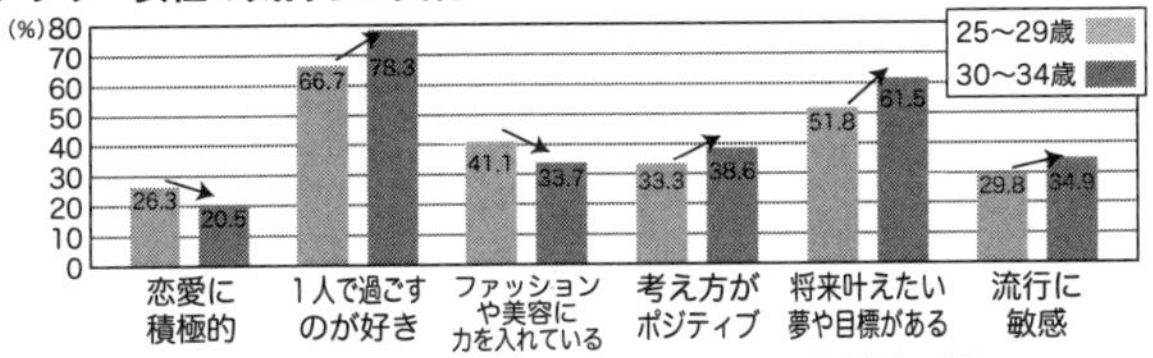

※「あてはまる」「ややあてはまる」と答えた人の割合。
明治安田生活福祉研究所「女性の幸せに関する意識調査」(2011)

20代女性にくらべて30代女性は恋愛に消極的になり、ファッションや美容に対する情熱が薄れ、ひとりで過ごすのが好きになります。……何だか寂しい未来のような気がしますが、それだけではありません。

20代のときよりも図太……ではなくポジティブになり、将来叶えたい夢や目標を持つ人が増えます。流行に敏感になったりもします。

みなさんも「おひとりさま」という単語を聞いたことがあると思います。

おひとりさまとは「ひとりでも、趣味、外食、旅行など、人生を謳歌できる人たち」のこと。これを寂しいと見るか、現代にフィットしたライフスタイルだと見るかは個人の価値観しだいでしょう。

同調査によれば、恋人のいない25〜34歳女性にかぎってみた場合、「1人で過ごすのが好き」な人が80・0％、「男性といるより女性だけでいるほうが好き」な人が30・8％です。

また、「ふだんの生活で幸せを感じるとき」は「おいしいものを食べる」が42・5％でトップ、次いで「ひとりでのんびり」となっています。

30代前半の女性が経験済のおひとりさまは、上位から「カフェ」（70・0％）、「映画館」（43・6％）、「ホテルでの宿泊」（38・0％）、「ファミレス」（37・6％）となっています。ただしテーマパーク、フレンチレストラン、居酒屋などは、いずれも10％以下でした（ネットエイジア「おひとりさまについての調査」２０１０）。

このように、意外にもアラサー世代はひとりの時間を大切にし、おひとりさまライフを楽しんでいます。

ひとりの時間を楽しめる人は、自分と向き合えるということ。自分と向き合える人は、他人ともきちんと向き合うことができるのです。つまり、ひとりの時間を楽しめる人こそ、友人や同僚との時間も楽しめるということなのです。

ひとりを楽しむコツを身につけることも、人生を豊かにするための秘訣なのかもしれません。

▼▼いま、身につけておくべきこと①──言葉づかい

いま28歳のあなたが、身につけておくべきことは何でしょうか？

よく「ビジネスマンの三種の神器は〝英語〟と〝会計知識〟と〝ＩＴ知識〟だ」などといわれます。もちろん仕事をするうえでさまざまな専門知識を高めることは重要ですが、その前に、身につけておきたいことがあります。

誰かと話していて不快に感じること

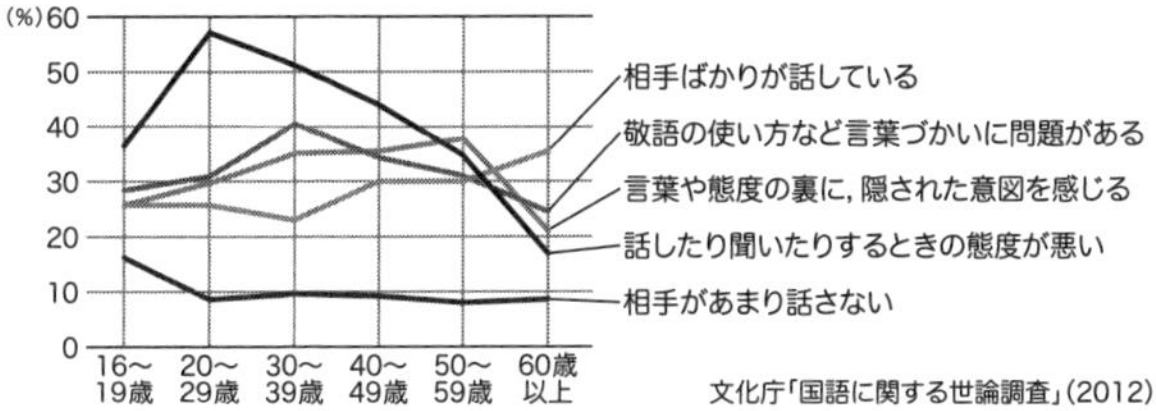

文化庁「国語に関する世論調査」(2012)

それは「言葉づかい」。

「話をするときに相手に対して不快感を覚えるのはどのようなことか」という問いに対し、男性で最も多かった答えは「敬語の使い方など言葉づかいに問題がある」（33・3％）、女性で多かった答えは「相手ばかりが話している」（33・1％）となっています。女性が感情的な部分で相手に不快感を覚えるのに対し、男性は敬語などの形式的なマナーを気にするのです（文化庁「国語に関する世論調査」２０１２）。

年齢別に見てみると、20代～40代では「話したり聞いたりするときの（相手の）態度が悪い」と答えている人が最も多く、とくに20～30代は5割以上です。逆に60代以上になると、「相手ばかりが話している」が最も多い答えになっています。20～30代の若い世代のほうが、言葉のマナーについて厳しいのです。

28歳の女性が身につけるべきことのひとつは、〝言葉づかい〟です。

みなさんは日頃、「マジで」「ヤバい」「めっちゃ」といった言葉を使っていませんか？　または「だって～」「でも～」といった否定の接続詞ばかり使う、語尾を伸ばすといった話し方をしていませんか？

少し話し方を変えるだけで、印象はずいぶん違ってきます。言葉づかいは、その人の内面があらわれるものであり、あなたの印象を決めるものでもあります。

みなさんは、きちんと敬語を使えていますか？

「仕事や目上の人と話すときは敬語を使っている」という人がほとんどだと思いますが、じつは敬語を完璧に使いこなせる人はひとにぎりです。

たとえば、「させていただく」という敬語があります。

これは非常によく使われている敬語です。スポーツ選手や芸能人のインタビューなどでも非常によく耳にします。ていねいな言葉を使おうとして、「ご説明させていただきます」「発表させていただきます」「勉強させていただだいています」など、すべての文末にこの言葉を使用する人もよく見かけます。

本来「させていただく」という言葉は、「自分の行動に対して、相手の許可をもらう」ことと、「そのことによって恩恵を受ける」という気持ちを同時にあらわす言葉。たとえば「（あなたがお持ちの資料を）コピーさせていただけますか？」といった、「恩恵を受けたいので許可を求めたい」という場合にふさわしい言葉なのです。そういったニュアンスがないときは、適切な敬語とはいえません。

「ご説明させていただきます」は「ご説明いたします」、「発表させていただきます」は「発表いたします」のほうがすっきりして美しい敬語です。

では、社会人のみなさんに敬語の問題です。

〈問題〉

①駅のアナウンス「ご乗車できません」は正しい敬語か？

②「わかりにくい」「読みやすい」を敬語にするには？

③取引先の受付で「担当者にうかがってください」といわれた。どこが変？

〈解答〉

①正しくない。乗車は相手の行為なので、尊敬語を使うべき。「ご乗車になれません」「ご乗車いただけません」が○。

②「おわかりにくい」「お読みやすい」は×。「わかりにくい」は「わかり（動詞）」＋「にくい（形容詞）」という構成なので、「おわかりになる」と動詞の部分だけ敬語にする。「おわかりになりにくい」「お読みになりやすい」が○。

③「うかがう」は謙譲語なので相手の行動に用いるべきではない。「担当者にお聞きください」「担当者にお尋ねください」と尊敬語を使うのが○。「お聞きしてください」「お尋ねしてください」は似ているが謙譲語になってしまうので×。

さて、すぐにわかりましたか？

くわしい解説は文化庁の「敬語の指針」に記載されています。わかりやすくまとめられており、ダウンロードして誰でも読むことができますから、時間のあるときに一読しておくことをおすすめします。

敬語はむずかしいものだからこそ、きちんと使えることであなたの評価や印象が変わります。大人の女性として、正しい敬語とその場にふさわしい言葉づかいを身につけておくことが、これからの人生でどんな場面においても、大いに役に立ちます。

▼▼いま、身につけておくべきこと②──教養

言葉づかいと同様、いかなる場所、いかなる場面でも役に立つのが「教養」です。「教養」と聞くと、なにやら退屈で、むずかしそうな気もしますが、そんなことはありません。

本書で扱ってきたたくさんのデータの数々。これも教養のひとつです。

たとえば、「腰痛で悩む人が２５００万人います」というニュースがあったとしま

す。2500万人という数字のみを取り出しても、それがどのくらい多いものかがわからず、「とにかくたくさんいるんだな」くらいの感想しか持てません。しかし日本の人口が約1億2760万人であるという基本的な数字を知っておけば、2500万人が5人に1人だということがわかり、ニュースへの理解度が深まります。これが教養なのです。

また、同年代の平均収入を知っておけば自分の収入が高いか低いかもわかります。日本の国家予算を知っておけば防衛関係費の増減などにも興味が生まれます。

同じように、歴史に精通していれば、旅行などで史跡を見てまわるのが楽しくなります。国際情勢や政治の話題も興味深いものとなるでしょう。過去とくらべることで、いまどんな変化が起こっているのかもわかります。

経済学の基礎を知るためには近代史を学ばなければならないように、物事は縦に横に関連し合いながら広がっています。

たくさんの本を読み、新聞を読み、ニュースを見て、自分で分析していく癖をつけることで、物事の理解力が深まり、社会を見通す力になるのです。

そうなれば、知識を得ることが楽しくなります。

大学で専門課程の前に教養課程を学ぶのも、学問を学ぶ土台をつくるため。幅広い

新聞を読んでいる人

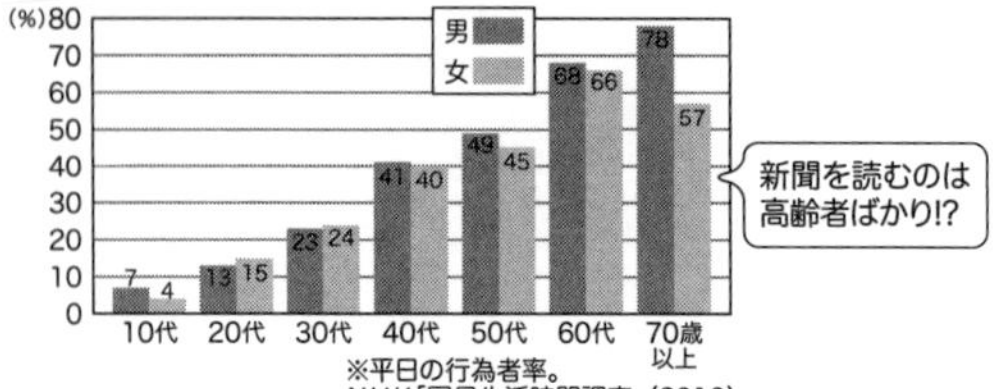

※平日の行為者率。
NHK「国民生活時間調査」(2010)

教養は、いますぐ仕事の役に立たなくても、かならず人生を広げてくれる糧になるのです。

残念ながら、20代女性で新聞を読んでいるのはわずか15%、30代でも24%しかいません（ＮＨＫ「国民生活時間調査」２０１０）。

年収と読書量は比例するなどといわれますが、20代の1ヵ月の読書量（漫画や雑誌以外）はどのくらいでしょうか？「読まない」「1、2冊」という人がトップで、いずれも38・0%、合わせて76・0%です。5冊以上読んでいるという人は10・2%しかいません（文化庁「国語に関する世論調査」２００８）。

28歳は、教養を身につけるのに遅くはありません。

歴史、音楽、美術、文学、科学、マナー、一般常識……。教養を身につけることで、自ずと立ち居振る舞いや言葉づかいも変わってきます。

日々教養を積み重ねることで、5年後、10年後に大きな差がついているはずです。

取引先とのちょっとした雑談、友人とのおしゃべりなど、教養はさまざまなシーンであなたをキラリと輝かせてくれる糧となるのです。

▼いま、身につけておくべきこと③——学びの姿勢

もしもいま、10万円自由に使えるお金があったら、何をしますか？

①旅行に行く
②ほしかったバッグを買う
③習いごとをはじめる

①の旅行はステキな選択ですね。なにしろかけがえのない旅の思い出が残ります。②も賢明な選択かもしれません。ワードローブにお気に入りのバッグが残るのですから。

③はどうでしょうか？　何かを修得することで、知識やスキルが残ります。28歳のみなさんにぜひおすすめしたいのが、③の習いごと。つまり、自己投資です。自己投資といっても、エステサロンやネイルサロンに通うことではありません。とりあえず資格をとることでもありません。自分の能力を磨くためにお金を使うのです。もちろん貯蓄も大切ですが、自分の能力を高めることはもっと大切です。いますぐ

この1年間にやった学びごと・習いごとランキング

1位	英語（21.6%）	6位	パン（7.2%）
2位	ヨガ・ピラティス（17.6%）	7位	ワード・エクセル（6.7%）
3位	フィットネスクラブ（12.1%）	8位	医療（看護・医療事務など）（5.5%）
4位	家庭料理（10.8%）	9位	お菓子（5.4%）
5位	簿記（9.4%）	10位	茶道（抹茶）（4.6%）

※20〜34歳の女性。
リクルートライフスタイル「人気おケイコランキング」(2013)

結果が出なくても、何かを学ぼうとする姿勢というのが非常に大切なのです。

20〜34歳の女性を対象にした調査では、習いごとのトップは英語（21・6％）。これは10年間不動のナンバーワンです。以下「ヨガ・ピラティス」（17・6％）、「フィットネスクラブ」（12・1％）、「家庭料理」（10・8％）と続いています。習いごとをする理由は上位から「知識・教養を深めるため」（30・8％）、「ストレス発散・気分転換のため」（26・8％）、「プライベートを充実させるため」（26・6％）となっています。

「就職・転職のため」（14・7％）、「独立・企業のため」（4・5％）といった解答は高くなく、仕事や収入に直接結びつけるというよりも、自分の楽しみや生活の充実のために習いごとをしている人が増えているようです（リクルートライフスタイル「人気おケイコランキング」２０１３）。

つまり、多くの人が学ぶこと、習うことに楽しみを感じているというわけです。ちなみに習いごと・学びごとにかけるお金は、月謝の場合５０００〜1万円という人が40・5％で最も多くなっています。

では、仕事に関する自己投資はどうでしょうか？

現在の仕事やビジネススキルに対する自己投資について、20〜40代に聞いた調査があります。

現在のビジネススキルへの自己投資状況

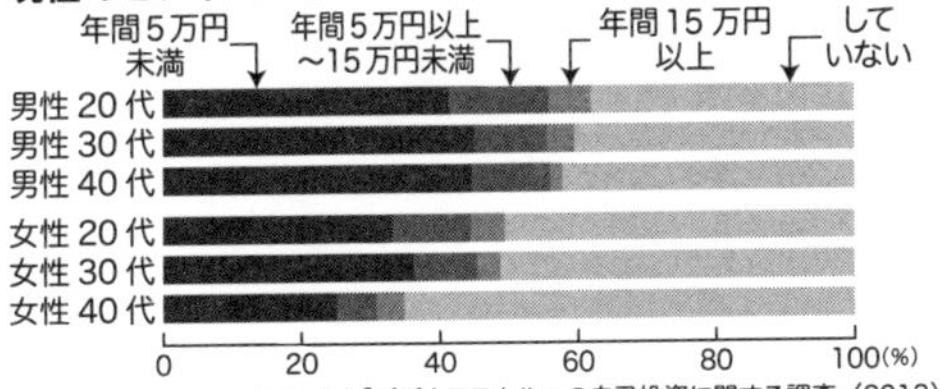

NTTコム「ビジネススキルへの自己投資に関する調査」(2013)

年代別にみると、自己投資をしている20代の女性は49・4％。20代男性が最も多く61・9％、最も少ないのは40代の女性で34・8％でした（NTTコム「ビジネススキルへの自己投資に関する調査」2013）。

役職別に見てみると、一般社員が47・7％であるのに対し、係長・主任クラスは60・2％、課長以上社長までのクラスは65・9％と、役職が上がるほど自己投資をしている人の割合は増えていきます。

何をしているのかといえば、現在のビジネススキルについては「書籍の購入」（57・8％）、専門知識取得については「ビジネス書、学習教材、学習CD・DVD、ネットコンテンツの購入」（47・1％）がそれぞれダントツでトップ。多くの人が忙しい合間をぬって書籍や教材を購入し、知識を得たり、勉強しているのです。

また、同調査によれば「来年の年収は増えそう」と答えた人の67・1％が「自己投資を増やす」と答えているのに対し、「来年の年収は変わらない、または減りそう」と答えた人で「自己投資を増やす」と答えている人は13・4％でした。

自己投資をしている人は年収が増え、社会的地位が上がる傾向があるということ。自分に投資することで、収入となって返ってくるのです。学びの姿勢が人を成長させるといえるでしょう。

支えられるべき高齢者は？

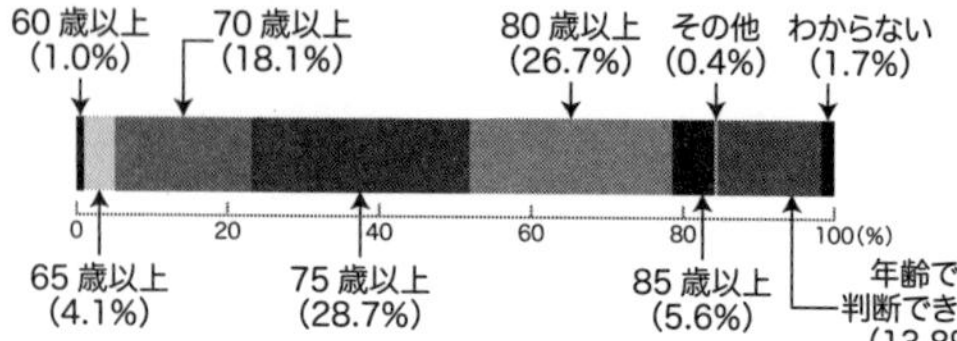

※55歳以上。
内閣府「高齢者の健康に関する意識調査」(2012)

28歳からの「親孝行」

私たちの未来に切り離せないのが〝家族〟です。

みなさんのご両親は、お元気ですか？

28歳の親世代であれば、まだまだ元気で、現役で働いているという人が多いのではないでしょうか？

そろそろ自分を育ててくれた親とその老後について、考えてみましょう。

「老後は誰とどのように暮らすのがよいか」との問いに、「子どもたちとは別に暮らす」と答えた人は、20代で32・1％です。対してみなさんの親世代である50代は38・6％、60代は37・4％となっています。

意外なことに、親世代は子どもとの同居を期待していないのです。「子どもに迷惑や負担をかけたくない」「自分のことは自分でできる」という意識が強いのでしょう。ただし70代以上になると、この割合は27・8％に減ります（内閣府「国民生活に関する世論調査」２０１３）。

親世代の55歳以上に聞いた調査では、「支えられるべき高齢者」は「75歳以上」と考える人が28・7％と最も多くなっています。ただし年齢が上がるほど、支えられる

介護保険受給者割合

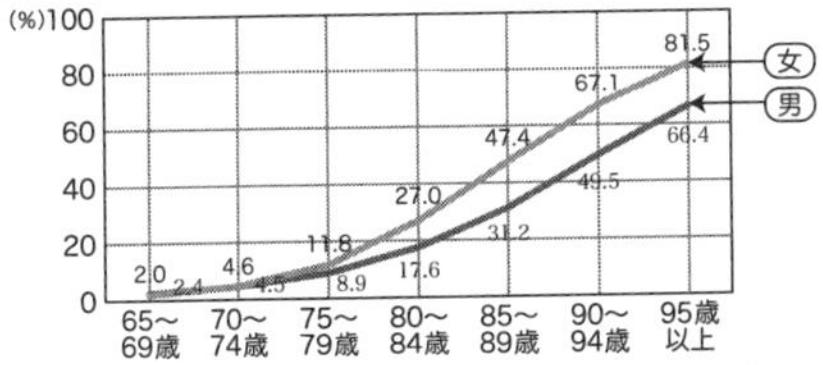

厚生労働省「介護給付費実態調査」(2012)

べきと考える年齢が高くなる傾向にあります。つまり「自分はまだまだ元気」と考えている高齢者が多いのです（内閣府「高齢者の健康に関する意識調査」２０１２）。

また、介護費用に関して、「子どもからの経済的な援助を受けることになると思う」とみなさんに期待している親世代は9・7%しかいません。多くの親はみなさんに経済的負担をかけるつもりもないのです。

誰もが否応なく年をとります。いまはまだ頼れる両親であっても、20年後、30年後はこちらが支援をしなければならない状態になるかもしれません。

では、実際に介護が必要になるのはいつ頃なのでしょうか？

介護が必要となった原因は、上位から「脳血管疾患（脳卒中）」（21・5%）、「認知症」（15・3%）、「高齢による衰弱」（13・7%）となっています（厚生労働省「国民生活基礎調査」２０１０）。

要支援・要介護の状態である介護保険受給者の割合を見てみると、70代後半では男女ともまだ10%前後、増えてくるのは80代からですが、それでも半数以下です（厚生労働省「介護給付費実態調査」２０１２）。一般的には親の老後が本格的に心配になるのは、みなさんが50代になる頃である可能性が高そうです。

ただし、結婚すれば親は4人になります。原因トップの「脳血管疾患（脳卒中）」は、

「いちばんの親孝行」とは?

1位	心配させない(23.3%)
2位	自立する(12.1%)
3位	長生きする(11.2%)
4位	元気でいる(8.6%)
5位	孫とのふれあい(6.0%)
5位	面倒をみる(6.0%)

※20代。
住友生命「親孝行アンケート」(2012)

50代くらいからかかる人が増えてきます。20代、30代で親の介護が必要になる可能性も十分あるのです。

28歳はそろそろ自分が親になる人も出てきて、親のありがたみがわかる年齢ともいえます。離れて暮らしている人はたまには顔を見せる、できるだけ一緒に時間を過ごすといった親孝行を考えはじめるときなのかもしれません。

20代にとって「いちばんの親孝行」は、「心配させない」(23・3%)、「自立する」(12・1%)といったことが上位になっています。そして「贈り物」「食事」「帰省」など、親孝行のために年間平均4万7338円を費やしています(住友生命「親孝行アンケート」2012)。

自分の未来は自分でつくる

10年前を思い返してみてください。

18歳の頃のことです。

「あの頃もっと勉強しておけばよかったな」

「あのとき別の道を選んでいたら、いまはどんな人生だったんだろう」

そんなふうに考えたことはありますか？

みなさんはいま28歳です。18歳から28歳の10年間で、どんな道を歩んできたのでしょうか？

18歳の頃は、未来が大きく広がっていました。自分にはどんな未来が訪れるのだろうと、ワクワクしていた人も多いはずです。

28歳のいま、大人になって経験も積んだ分、18歳の頃のような広く大きな未来は描けません。

これからの人生、30代、40代と年齢を重ねれば重ねるほど、未来は狭くなっていきます。チャレンジすることも、リスクをとることも減っていくでしょう。そのかわり、安心や安全、やすらぎといったものを欲するようになるかもしれません。

もちろん、いくつになってもチャレンジすることはできます。それを否定するべきではありません。

ただ忘れないでほしいのは、いま28歳のみなさんは、10年後の38歳、20年後の48歳よりも、あらゆる面でハードルが低い状態だということです。

「結婚したい」

「子どもがほしい」

「好きな仕事に就いて、バリバリ働きたい」

「趣味の世界を極めたい」

「外国で暮らしたい」

いまならひょいっと超えられるハードルも、10年後はそうかんたんには超えられなくなる可能性が高いのです。

いまのみなさんなら、転職も、結婚も、出産も、まだまだハードルが低い状態です。18歳の頃より、知恵も経験もあります。場合によってはこれまでの人生を大逆転することもできるかもしれません。

ちなみに、20代女性が「今後してみたいこと」は、「技術や資格を身につける」が48・9%、「海外留学をする」が23・9%、「海外で働く」が22・1%、「転職する」が20・2%、「本業のほかに、副業として何かの仕事をする」が23・5%、「ボランティア（社会奉仕）活動をする」が21・7%となっています（博報堂生活総合研究所「生活定点調査」2010）。

18歳での決断が大切だったように、28歳での選択がどれほど大切だったか、そして28歳という年齢がいかに貴重だったか、10年後、20年後に気づくことでしょう。

そして10年後、20年後に自分の選択を後悔する人もいれば、自分の選択は間違っていなかったと確信する人もいるでしょう。

28歳は、女の人生を変える最後のチャンスといえるのかもしれません。

だからこそ、自分の人生をしっかりと見据え、どんな自分になりたいのか、どんな人生にしたいのかをきちんと考えなければなりません。

自分の未来は自分でつくる。

そのための行動を起こすべきときなのです。

著者プロフィール

山崎潤子
ライター・エディター。法政大学英文学科卒業。
これまで150冊以上の書籍、MOOK、雑誌等の執筆・編集等に携わる。
ビジネス、外国語、金融、エネルギー、料理等、幅広いジャンルにくわしい。

人生戦略会議
20～40代の男女、11名の構成員からなる「人生設計」を考える会。
仕事にしろ、結婚にしろ、住まいにしろ、ありとあらゆるライフスタイルが変化しつつある中、「ふつうの幸せ」を手に入れるためのちょっとした知恵とコツとは何かということを、日夜、調査、研究、報告し続けている。
著書に、『28歳からのリアル』『35歳からのリアル』『40歳からのリアル』『年収700万円のリアル』などがある。

28歳からの女のリアル

2014年5月28日　第1版第1刷発行

著　者　山崎潤子
構　成　人生戦略会議
発行者　玉越　直人
発行所　WAVE出版
〒102-0074　東京都千代田区九段南4-7-15
TEL 03-3261-3713　FAX 03-3261-3823
振替 00100-7-366376　E-mail: info@wave-publishers.co.jp
http://www.wave-publishers.co.jp

印刷・製本　モリモト印刷

ISBN978-4-87290-692-9
NDC914 205p 19cm